CULTURA MASÓNICA

Revista temática de francmasonería

CULTURA MASÓNICA es una revista trimestral de carácter temático en formato libro. En cada número se aborda en profundidad un aspecto de la masonería de la mano de auténticos especialistas en la materia. Su rigurosidad a lo largo de años de trabajo metódico y puntual la han convertido en una de las mejores publicaciones de masonería del mundo.

CULTURA MASÓNICA
Revista temática de masonería

N.º 57 | Abril 2024

Al servicio de la
FRANCMASONERÍA UNIVERSAL

© Editorial MASONICA®
www.masonica.es

ENTREACACIAS, S.L.
[Sociedad editora]
  c/Covadonga, 8
  33002 Oviedo-Asturias (España)

        info@masonica.es
        pedidos@masonica.es
        admin@masonica.es
        redes@masonica.es

ISSN: 2171-1968
ISBN (edición impresa): 978-84-19985-48-4
ISBN (edición digital): 978-84-19985-49-1
Depósito Legal: AS 00238-2021

Ilustración de cubierta:
Retrato de René Guénon
(autor desconocido)

Impreso por Podiprint
Impreso en España

DIRECTOR
David Suárez Dorta

EDITOR
Ignacio Méndez-Trelles Díaz

DISEÑO EDITORIAL
Oliver Méndez-Trelles Pattist

REDES/COMUNICACIÓN
Marta Tejedor

ENSAYISTAS
Antonio de Diego González
Francisco Ariza
Javier Alvarado Planas
Mª Ángeles Díaz
Miguel Salas Díaz
Pere Sánchez Ferre

SUMARIO
Año XVI / N.º 57 / ABRIL 2024

El filósofo en meditación
Rembrandt, 1632
(Museo del Louvre)

TRADICIONALISMO INTEGRAL

A lo largo de la historia de la francmasonería han ido surgiendo diferentes personajes vinculados a esta, que han despuntado por diversos motivos. En el caso que nos ocupa, nos encontramos con la imagen del tipo de individuo que no deja impasible al que se acerca a su trabajo.

Este era un incansable escritor, con una amplia cultura, que supo como pocos detallar varios aspectos fundamentales de la tradición. Y ese es, precisamente, el motivo que más caracteriza al protagonista de este número de *Cultura Masónica*.

De tal modo, tiene en su haber, ser el primero en señalar lo que se supone que debe ser una escuela esotérica, cuáles son las auténticas raíces de toda tradición, el funda-mento de la cultura y la sociedad en lo espiritual, el verdadero sentido de la metafísica, y, sobre todo, en qué consiste la Iniciación.

Su trabajo, a pesar de la modestia con la que llevó su vida, tuvo una gran repercusión, y dio origen a una línea de pensamiento que a día de hoy llega: el Tradicionalismo Integral o Perennialismo. A ella se sumaron otros exponentes, que continuaron su trabajo o abrieron otras líneas de investigación.

Sea como fuere, sus libros son, sin duda, piezas clave para cualquiera que se precie en penetrar en las tradiciones espirituales. En relación con esto estamos de enhorabuena los lectores de lengua castellana, pues se acaban de editar la totalidad de sus obras. Por lo que ya no hay excusas para poder acceder a estas, y, en consecuencia, a su pensamiento.

Por otro lado, la misma vida de este personaje es ya en sí una referencia y ejemplo del propio camino espiritual. Pues recorrió diferentes senderos, ahondando de forma profunda en dichas doctrinas y sendas del ser. En ese sentido, penetró tanto en caminos de Occidente como de Oriente, algo que ayuda a la hora de que en la actualidad podamos acercarnos a tales senderos.

Conjuntamente, su incursión en el islam y el sufismo son características fundamentales de Guénon, y no es posible comprender su visión sin conocer sobre este particular.

Es por todo lo dicho, que nuestra revista se enorgullece de presentar estos trabajos en los cuales se ahonda en la figura de René Guénon, donde varios expertos profundizan en distintos aspectos de este escritor galo. Lo cual presentamos en dos volúmenes, ya que para hacer una exposición que en justicia recorra los diferentes matices de este individuo nos vemos obligados a proceder así. Con lo que, el ejemplar que tiene entre sus manos y el siguiente, son, quizá, el monográfico más completo en castellano sobre el que, sin duda, es el gran exponente del Tradicionalismo. ⚒

DAVID SUÁREZ DORTA

DAVID SUÁREZ

HISTORIA *del* ESOTERISMO EN ESPAÑA

Un viaje revelador a través de los misterios y
secretos que han moldeado la historia, la cultura y
la espiritualidad de España, revelando conexiones
ocultas que han perdurado a lo largo de los tiempos.

ALMUZARA

Javier Alvarado Planas es catedrático de Historia del Derecho y de las Instituciones en la Universidad Nacional de Educación a Distancia, doctor en Derecho y doctor en Ciencias de la Documentación; Académico correspondiente de la Real Academia de la Historia y también de la Real Academia de Jurisprudencia y Legislación de España. Es director de diversas colecciones en editoriales (Dykinson y Sanz y Torres) y forma parte del consejo editorial o de honor de varias revistas científicas. Ha recibido diversos reconocimientos, como el Premio Nacional de Historia (compartido) otorgado por el Ministerio de Cultura en 2009. Es autor de más de un centenar de libros, monografías y artículos en revistas científicas especializadas dentro y fuera de España (Alemania, Italia, Inglaterra, Bélgica, Portugal, Rusia, México, Puerto Rico, etc.). Es el creador y director del Museo Virtual de Historia de la Masonería de la UNED. Entre sus libros cabe citar: *Heráldica, simbolismo y usos tradicionales de las corporaciones de Oficio; las marcas de canteros*, Ediciones Hidalguía, Madrid, 2009; *Masones en la nobleza de España*, editorial La esfera de los libros, Madrid, 2016; *Monarcas masones y otros príncipes de la Acacia*, editorial Dykinson, Madrid, 2017, 2 volúmenes; *Templarios y masones: las claves de un enigma*, editorial Sanz y Torres, Madrid, 2019; *Apercepciones sobre la iniciación masónica*, editorial Sanz y Torres, coedición con MASONICA, Madrid, 2019; *El Ceremonial de armar caballero y otros estudios*, editorial Sanz y Torres, Madrid, 2021; *René Guénon, testigo de la Tradición. Introducción a las Obras Completas*, editorial Sanz y Torres, Madrid, 2023, 204 pp.

RENÉ GUÉNON COMO INTÉRPRETE DE LA TRADICIÓN

Javier Alvarado Planas

Conviene recordar que, a finales del siglo XIX, muchos occidentales «redescubren» la espiritualidad de Oriente y se embarcan en un nuevo *Gran Tour* en busca de maestros o de organizaciones iniciáticas. Por otro lado, algunos integrantes de estas organizaciones consideraban necesario contactar con occidentales debidamente cualificados para que actuaran como valedores de las doctrinas tradicionales ante los errores de interpretación cometidos por ciertos académicos y orientalistas y también con motivo de los fraudes y tergiversaciones de movimientos entonces en auge como el espiritismo, el ocultismo o el teosofismo.

RENÉ GUÉNON COMO INTÉRPRETE DE LA TRADICIÓN

La fuerza de los acontecimientos o los signos de los tiempos harían recaer ese papel en diversas personas. De entre ellas, cabe destacar a René Guénon, que desempeñaría tal función con absoluta maestría y fidelidad a las doctrinas tradicionales. De esta manera, *elegido* por determinadas organizaciones iniciáticas orientales como representante occidental cualificado para recibir y transmitir una parte del acervo metafísico de Oriente, se le ha considerado como el principal expositor y valedor de las doctrinas esotéricas tradicionales de su época. Sobre esta labor vicaria de Guénon cabe destacar:

1º Que ella no habría tenido lugar si no fuera por ciertas anomalías de la Tradición cristiana en Occidente: dado que toda Tradición espiritual completa comprendía dos vertientes (una vertiente externa al alcance de todos, y otra interna o esotérica más exigente), el catolicismo había perdido su dimensión interna ya en la Edad Moderna, de modo que correspondía a la élite espiritual occidental el subsanar esa minoración.

2º Tampoco hubiera sido necesaria si el orientalismo academicista y los movimientos ocultistas de la época no hubieran tergiversado las doctrinas orientales: «aunque eso nos obligue a hablar de nosotros, lo que entra poco en nuestros hábitos, debemos declarar formalmente esto: a nuestro conocimiento, no hay nadie que haya expuesto en Occidente ideas orientales auténticas, salvo nosotros mismos; y lo hemos hecho siempre exactamente como lo habría hecho todo oriental que se hubiera encontrado llevado a ello por las circunstancias, es decir, sin la menor intención de *propaganda* o de vulgarización, y únicamente para aquellos que son capaces de comprender las doctrinas tales cuales son, sin que haya lugar a desnaturalizarlas bajo pretexto de ponerlas a su alcance» (*La crisis del mundo moderno*, cap. VIII).

3º Que sus fuentes no eran indirectas ni teóricas: «no afirmamos nada gratuitamente, y somos conscientes de tener al menos, a falta de muchos otros méritos, el de no hablar nunca de nada que no conozcamos» (*Oriente y Occidente*, 2ª parte, cap. IV). En diversas ocasiones negó que su conocimiento de las doctrinas orientales tuviera un origen libresco pues afirmaba que *nuestras verdaderas «fuentes» y conocimientos no se encuentran en los libros.*

4º Las doctrinas proceden de una transmisión oral directa y regular: afirmó que sus fuentes sobre el hinduismo, el sufismo y el taoísmo procedían directamente de las enseñanzas orales de maestros orientales (por su vinculación a varias tradiciones iniciáticas vivas): «como no tenemos la pretensión de haber alcanzado por nuestra cuenta y sin ninguna ayuda las ideas que sabemos que son verdaderas, estimamos que es bueno decir por quién nos han sido transmitidas, tanto más cuanto que así indicamos a otros hacia qué lado pueden dirigirse para encontrarlas igualmente; y, de hecho, es a los orientales exclusivamente a quienes debemos estas ideas». Y por otra parte, «saber que ciertas ideas nos han sido proporcionadas por los orientales, es una verdad de hecho; pero eso importa menos que comprender estas ideas y reconocer que son verdaderas en sí mismas; y, si nos hubieran venido de otra parte, no veríamos en ello una razón para descartarlas *a priori*; pero, puesto que no hemos encontrado en ninguna parte de Occidente el equivalente de estas ideas orientales, estimamos que conviene decirlo» (*Oriente y Occidente*, 2ª parte, cap. IV).

En todo caso, en su época, nadie como él ha llevado a cabo un plan de exposición de la enseñanza tradicional tan amplio, rico y clarividente, que asumió durante toda su vida con modesta sencillez, pero también con *la autoridad espiritual de la que se consideraba investido*: «hemos expuesto la diferencia entre los Brahmanes y los Chatryas, y dado a entender que la función de estos últimos no podría en ningún caso ser la nuestra» (Reseña en *Le Voile d´Isis* de febrero de 1931).

René Guénon en su casa de El Cairo con amigos, familiares
y miembros de la tarika.

¿QUÉ NO FUE GUÉNON?

No fue un «orientalista» pese a que fue el primer occidental que explicó las doctrinas orientales en Occidente. Por el contrario, criticó el orientalismo academicista o vulgarizador que imperaba en Occidente. Tampoco fue un historiador de las religiones aun cuando demostró un profundo conocimiento de ellas tras haber realizado un minucioso análisis de las formas y experiencia religiosas. Por el contrario, criticó el método histórico y el estudio formal de las religiones practicado en Occidente porque lo consideraba mero estudio de «cadáveres vacíos».

No fue un filósofo en la medida en que la filosofía moderna niega el dominio de lo supraindividual (espiritual) e, incluso, confunda dicho dominio con lo «colectivo», es decir, con la suma de partes individuales;

Tampoco fue un sociólogo ni un reformador social o político, si bien presentó un exhaustivo análisis del mundo moderno, demostró conocer las leyes que rigen las transformaciones sociales y enunció valiosas observaciones sobre los errores del mundo moderno y críticas tanto a las dictaduras de izquierdas como de derechas sin bien aclaró en varias ocasiones que su papel nada tenía que ver con la política y *desautorizó cualquier interpretación política de su obra*: «Recordaremos todavía una vez más que todo lo que toca de cerca o de lejos a la política nos es absolutamente extraño; y desaprobamos de antemano toda consecuencia de este orden que cualquiera pretendiera sacar de nuestros escritos, en el sentido que sea» (*Le Voile d'Isis*, marzo de 1935). De la misma manera en que censuraba las intromisiones de los *Chatryas* en cuestiones propiamente sacerdotales (metafísicas), mantenía que los *Brahmanes* solo debían inspirar la acción de gobierno, pero no intervenir en ella: «Tal no puede ser nuestra función, pues, por principio, nos prohibimos formalmente toda polémica, y nos mantenemos apartados de toda acción exterior y de toda lucha de partidos». Y en otra ocasión reiteró que «todo lo que hemos escrito prueba sobreabundantemente que no tenemos sino la más perfecta indiferencia por la política y todo lo con ella vinculado de cerca o de lejos, y no exageramos nada diciendo que las cosas que no conciernen al orden espiritual no cuentan para nosotros» (reseña en *Le Voile d'Isis,* febrero de 1931). De hecho, respecto a su proyecto de formación de un «élite espiritual» en Occidente, consideraba que asumir cualquier forma de acción política sería una eventualidad desafortunada contraria a sus auténticos objetivos; por tanto, *en cuestiones tocantes de cerca o de lejos al dominio de la política pretendemos permanecer absolutamente extraño* (*Le Voile d'Isis*, febrero de 1935).

Tampoco se consideró un autor tradicionalista, sino más propiamente «tradicional»; de hecho, para marcar sus diferencias con ciertos movimientos políticos reaccionarios con los que solo coincidía en su crítica al mundo moderno, afirmó que la diferencia esencial entre «tradicionales» y «tradicionalistas» radicaba en que estos, a diferencia de aquellos, carecían de una base doctrinal metafísica, una conexión o vinculación iniciática real y estaban más preocupados por proyectos de reforma social y política. Sobre esto, cabría recordar las profundas discrepancias y polémicas que mantuvo con un tradicionalista italiano, Julius Evola, a quien, por sus posiciones heterodoxas, nunca se le permitió publicar sus artículos en la revista *Le Voile d'Isis* ni en *Études Traditionnelles,* órgano de difusión de los trabajos de René Guénon y de sus colaboradores.

No solo no fue un ocultista, sino que fue un implacable adversario del ocultismo, del espiritismo y de todas las desviaciones propaladas por el materialismo pseudo-espiritual. De hecho, algunas de sus obras son abiertas críticas al espiritismo, al teosofismo, y a otras manifestaciones del llamado fenómeno *New Age* que conoció de primera mano durante la primera mitad del siglo XX. En cierta ocasión protestó por «la infame calumnia que consiste en presentarnos como un ocultista, a nosotros que somos, y con razón, ¡el único al que temen los ocultistas!». Lamentablemente, con una mixtura de negligencia e ignorancia, todavía hoy algunos autores o diccionarios con pretensiones de rigor académico, le siguen calificando de ocultista seguramente porque no conocen la diferencia entre el ocultismo y el esoterismo. Recordemos que, para Guénon, lo contrario al esoterismo no es propiamente el exoterismo, sino el ocultismo; mientras que el esoterismo es de origen «suprahumano» y constituye la parte más espiritual o metafísica de toda Tradición, el ocultismo es una invención meramente humana (en algunos casos «infrahumana») que, al no rebasar el dominio psíquico y mental de la individualidad, carece de vínculo espiritual alguno: *el único medio de combatir el ocultismo es mostrar que no tiene nada de serio, que no es más que una invención completamente moderna, y que, por el contrario, el esoterismo, en el verdadero sentido de esta palabra, es algo muy diferente en realidad* (*Oriente y Occidente*, 2ª parte, cap. IV).

Finalmente, no fue un gurú o maestro espiritual que fuera más allá de apoyar la formación de una élite espiritual en Occidente, dado que sus escritos no hacen la menor alusión a su vida interior ni fundó una escuela; por el contrario, en numerosas ocasiones rechazó tal condición y nunca aceptó tener discípulos: «Rogamos a nuestros lectores tomar nota: 1º que, no habiendo jamás tenido *discípulos* y habiendo siempre rechazado absolutamente el tenerlos, no autorizamos a nadie a tomar tal cualidad o a atribuirla a otros y que oponemos el más formal desmentido a toda aseveración contraria, pasada o futura» (nota publicada en la revista *Le Voile d'Isis*, noviembre de 1932). Únicamente asumió el encargo de ser mero transmisor de las doctrinas tradicionales, especialmente las orientales, concretamente, el hinduismo, singularmente el vedanta advaita, el esoterismo islámico (*Tasawuf*), el taoísmo y en alguna medida, el judaísmo (en su vertiente esotérica de la Cábala).

Inocencia (1904), óleo de Thomas Cooper Gotch

¿QUIÉN FUE ENTONCES?

Mircea Eliade lo definió como «el hombre más inteligente del siglo XX»; el sabio hindú Ananda K. Coomaraswamy lo calificó de «gurú»; el lamaísta Marco Pallis lo consideró «un gran *jnani*», y el profesor Asti Vera dijo que fue «el último metafísico de Occidente». Lo cierto es que René Guénon se consideró un seguidor e intérprete de la Única Verdad o *Tradición Perenne*, calificada en el hinduismo como *Sanâtana Dharma,* equivalente a la *Ley Eterna* del cristianismo, o *la Haqîqah* del Islam. En suma, un autor tradicional, un *metafísico* en el sentido etimológico de la palabra.

Consciente de que la exposición de doctrinas metafísicas tradicionales requería de un lenguaje riguroso y coherente que lo distinguiera de las especulaciones teológicas o del verbalismo de filósofos más preocupados de pasar a la posteridad como inventores de nuevos conceptos, Guénon se esmeró en utilizar el lenguaje *con una precisión casi matemática* (a lo que contribuyó su formación universitaria como matemático) en la que cada palabra y concepto adopta un sentido concreto, tanto más cuanto que había que explicar nociones que nunca habían sido explicadas públicamente. Para ello trató de respetar el sentido originario y etimológico de las palabras: «Lo mejor que puede hacerse con las palabras es restituirles, en la medida de lo posible, su significación primitiva y etimológica» (*La Metafísica Oriental*), consecuentemente, «para las palabras que han pertenecido primeramente a una terminología tradicional, basta naturalmente con restituir su sentido primero» (*Iniciación y Realización Espiritual*, cap. II).

CONCEPTOS FUNDAMENTALES EN LA OBRA DE RENÉ GUÉNON

Pertrechado de un lenguaje preciso, expuso cuestiones que no habían sido nunca explicadas en Occidente ni siquiera en los ámbitos religiosos más cerrados. Así, por ejemplo, el concepto de *Tradición Primordial*, la unidad esencial de todas las Tradiciones, la teoría de los ciclos cósmicos, la universalidad del simbolismo como medio de expresión de realidades espirituales, la organización y función de los Centros espirituales o iniciáticos; expuso con una terminología extremadamente precisa los conceptos de «realización espiritual», «iniciación»; o las diferencias entre reencarnación, transmigración y metempsicosis; o entre espíritu y alma, individualidad y personalidad, infinito e indefinido, dualismo y dualidad, razón e intelecto, salvación y Liberación, esoterismo y ocultismo, entre Metafísica y teología, teosofía y teosofismo, Tradición y tradicionalismo, rito y ceremonia, operativo y especulativo, entre iniciación virtual e iniciación efectiva, etc.

A fin de introducirnos en la obra escrita de Guénon, conviene que esbocemos algunos de sus conceptos fundamentales.

I. Existencia de la *Tradición Primordial*

El concepto de *Tradición* en Guénon tiene un significado muy preciso: etimológicamente significa «lo que se transmite o entrega», es decir, consiste en la *transmisión* de «algo». Se trata de algo «trascendente» que ha sido transmitido y por la que ésta «participa» en las realidades de orden *principial* (*Apercepciones sobre la Iniciación*, cap. IX). La *Tradición* es un «depósito» o «legado» de *influencias espirituales*, es decir, de origen «suprahumano» *(apaurushêya),* que se transmite a través de los tiempos a quienes son capaces de recibirlo (*El Rey del Mundo*, cap. II) y *que comprende no solo todo lo que es transmitido, sino incluso todo lo que verdaderamente puede serlo*. Como la Tradición tiene un origen «suprahumano» no ha aparecido en un momento cualquiera de la historia de la Humanidad, es eterna; en ese sentido es denominada *Cábala* en el judaísmo, *Verbo* e incluso *Ley Natural* y *Eterna* en el cristianismo, *Sophia Perennis* en la escolástica medieval… En el hinduismo es el *Sanatâna Dharma*, «Orden Eterno y Universal» formulado por la Inteligencia cósmica que refleja la Voluntad divina. Por tanto, la Tradición no tiene nada que ver con las costumbres o el folklore pues, mientras que la costumbre es algo puramente temporal y humano, la Tradición no tiene origen «histórico» dado que implica esencialmente un elemento «suprahumano». En consecuencia, debido a su origen suprahumano, tanto la Tradición como las *Formas Tradicionales* derivadas, no pueden inventarse ni crearse artificialmente; no caben operaciones de «eclecticismo» o sincretismo, ni tampoco puede plantearse la fusión o sustitución de una *Forma Tradicional* por otra, lo cual no impide que se preste a toda adaptación legítima, dado que la Tradición «permite concepciones mucho más vastas que todos los sueños más atrevidos de los filósofos, pero también mucho más sólidas y más válidas, pues abre a la inteligencia posibilidades ilimitadas como la verdad misma» (*Oriente y Occidente*, conclusión). A esta originaria *Transmisión*, la denomina Guénon *Tradición Primordial*, la cual, por eso mismo, es la única que subsiste de forma plenamente integral, continua e inalterada durante las épocas sucesivas; pero también es la fuente primaria y la base común de todas las *Formas Tradicionales* particulares (como, por ejemplo, la hindú, la egipcia, la celta, la griega, la judía, la cristiana, la islámica, etc.) que se derivan de ella mediante la adaptación a las condiciones especiales de tiempo y lugar (*Metafísica Hindú*).

En toda *Forma Tradicional* completa conviven, más o menos visiblemente, dos aspectos complementarios y superpuestos, que no entran en conflicto de ninguna manera, puesto que se refieren a dominios esencialmente distintos y que son como la corteza y el núcleo del mismo fruto que es la Tradición; una parte externa o exotérica destinada indistintamente a todos (generalmente reviste forma de religión); y otra parte o vertiente interna, esotérica o puramente metafísica que concierne directamente a aquella élite capaz de comunicarse conscientemente con los estados supraindividules (*Oriente y Occidente*, 2ª, cap. III). Como en toda transmisión de naturaleza espiritual, la parte más interna de la Tradición no puede *comprehenderse* mentalmente porque sólo cabe interiorizarla, experimentarla y hacer de ello una forma de vida.

II. Unidad esencial de las doctrinas tradicionales

Debido a su origen común, todas las *Formas Tradicionales* poseen una unidad en lo esencial, que se traduce en la universalidad de todas las doctrinas sagradas y del simbolismo tanto iniciático como religioso. Aclaremos que tal unidad no implica uniformidad, *eclecticismo* ni *sincretismo*. En rigor, el *eclecticismo*, en cuanto forma patológica de la filosofía en su acepción más profana que, marginando el criterio de «verdad» procedente del *intelecto puro*, procura conciliar fragmentos de opiniones, teorías, tesis, estilos e ideas de distintos sistemas filosóficos. Igualmente crítico fue Guénon con el *sincretismo* por considerarlo una forma patológica de la espiritualidad que consiste en la superposición de elementos de diverso origen, reunidos desde el exterior, sin que opere ningún principio de orden más profundo. Precisamente, en razón de su exterioridad, el sincretismo es un procedimiento esencialmente profano pues, junto a ideas tomadas de varias *Formas Tradicionales*, mal comprendidas y más o menos deformadas, se mezclan conceptos de la filosofía y de la ciencia profanas.

III. Concepto de metafísica

Mientras que en Occidente la metafísica se considera un saber especulativo, racional y dogmático, para Guénon el término Metafísica debe quedar reservado únicamente a todo aquello que está por encima o «más allá de la física», es decir, de la «naturaleza» o del mundo manifestado. Por tanto, se trata de un conocimiento o de un «saber» que trasciende el ámbito del ser y de la ontología y que pertenece al dominio de lo supraindividual. Es imprescindible comprender bien esta cuestión dado que toda la obra de Guénon se sustenta en esta distinción: «nos colocarnos exclusivamente en el dominio de los principios, lo que nos permite permanecer enteramente al margen de toda discusión, de toda polémica, de toda querella de escuela o de partido, cosas en las cuales no queremos ser mezclados ni de cerca ni de lejos, a ningún título ni a ningún grado». Concretamente, la metafísica tiene, al menos, estas cinco características:

a) Es universal: no hay ni puede haber más que una metafísica, cualesquiera que sean las diversas maneras en que se exprese, de manera que, en razón de la universalidad de los principios, todas las doctrinas tradicionales son de esencia idéntica, aunque varíen sus formas. Como está más allá de toda hipótesis o discusión, toda controversia será «a causa de una exposición defectuosa o una comprensión imperfecta de estas verdades».

b) Es eterna o atemporal: como es perenne e invariable, solo cambian las formas exteriores, los medios contingentes que no son más que una adaptación a las circunstancias particulares de tiempo, lugar y mentalidad de cada época, pero bien entendido que tal «cambio» no tiene nada que ver con lo que los modernos llaman «evolución».

c) Es de origen *no humano* o supraindividual (*apaurasheya*): ha sido «revelada» o «inspirada» a seres que han podido conocerla real y efectivamente; por tanto, no cabe buscar o asignar un origen histórico (un origen humano) a principios que se sitúan más allá del tiempo o que se encuentran «aquí» y «ahora».

d) Irreductible: por su misma naturaleza suprarracional, la metafísica se resiste a todo intento de sistematización. Cualquier intento racional y discursivo no ofrecerá más que una interpretación subjetiva y parcial de los posibles itinerarios que pueda efectuar la mente al tratar de ordenar sus contenidos.

e) Vertebradora: es la que alienta o vivifica a la parte externa o exotérica, de una Tradición de modo que, como afirmaba Guénon, *en una civilización integralmente tradicional, toda actividad humana posee un carácter sagrado porque, la Tradición no deja nada fuera de ella; sus aplicaciones se extienden a todas las cosas sin excepción, de suerte que haga lo que haga el hombre su participación en la Tradición está asegurada de una manera constante por sus actos mismos (Iniciación y realización espiritual*, cap. XI).

IV. Objeto de la metafísica: el *intelecto puro*

El objeto de la metafísica y del conocimiento metafísico *es la toma de consciencia efectiva de los estados supraindividuales del Ser*. Para ello disponemos de una facultad específica y de una forma de conocimiento singular:

a) Tenemos una facultad suprarracional: si bien la *razón* es una facultad individual de conocimiento mediato y el modo propiamente humano de la inteligencia, para conocer el mundo suprasensible todo ser humano dispone de otra facultad que rebasa el dominio individual: el *intelecto puro*, facultad suprahumana que participa directamente de la *Inteligencia Universal*.

b) Existe un conocimiento suprarracional: a cada una de estas dos facultades (razón e *intelecto puro*) corresponde una forma distinta de conocimiento. El hombre común u ordinario se mueve en un mundo dual; utiliza una forma de conocimiento racional y discursiva, basada en la dualidad de *un sujeto que conoce y un objeto que es conocido*; se trata, por tanto, de un conocimiento mediatizado, indirecto y secuencial que solo se puede aprehender en el mundo del cambio y del devenir, es decir, en una ínfima parte de la «naturaleza». Pero existe también otra forma de conocimiento (suprarracional) directo e inmediato que está más allá y por encima de la razón porque rebasa la dualidad sujeto-objeto; se trata de «conocer lo que es, y de conocerlo de tal manera, que uno mismo es, real y efectivamente, todo lo que conoce». A este saber procedente del *intelecto puro*, también se lo denomina *intuición intelec-*

tual, que no hay que confundir con la *intuición sensible* de la que hablan algunos filósofos contemporáneos, cuya naturaleza emocional la acercan más a lo infrarracional.

c) El conocimiento metafísico es superior a todos los demás órdenes del conocimiento, de donde se deriva la primacía de la vía intelectual o contemplativa sobre la vía de la acción. La vía intelectual pura o contemplativa, de la intuición intelectual, es la propia del dominio metafísico, es decir, de los principios eternos e inmutables; por tanto, pese a las tendencias «moralistas» del mundo occidental que glorifican el trabajo y el culto a la acción (rayana en la mera agitación) hasta el extremo de despreciar la contemplación por considerarla una forma de «ociosidad», en toda civilización normal existe un equilibrio entre el conocimiento puro (la contemplación) y la acción, y una dependencia de ésta hacia aquella.

Empédocles emerge del ojo (1504),
capilla de Santa Brice, de Luca Signorelli

V. La realización metafísica

Mientras que la mayoría de las obras de los orientalistas y pensadores occidentales de la época fueron producto de una elaboración meramente racional, la obra de René Guénon es fruto de una *comprehensión* profunda de la naturaleza de las cosas y, en definitiva, de una experiencia interior. Toda la obra de Guénon apunta en la misma dirección; la *comprehensión* del Ser. La palabra *comprehensión* utilizada frecuentemente por Guénon, define una comprensión-aprehensión, es decir, un *conocimiento experiencial* de los diversos estados supraindividuales. También utiliza frecuentemente el concepto de «realización metafísica» o «realización espiritual», en donde la palabra «realización» asume su auténtico sentido etimológico de convertir en «real» (siendo el Ser lo único real). Como se ha dicho, dado que el objeto de la metafísica es la toma de consciencia efectiva de los estados supraindividuales del Ser hasta alcanzar el estado incondicionado, *no es en tanto que hombre como se puede llegar a ello, sino en tanto que un ser, que es humano en uno de sus estados, es al mismo tiempo otra cosa y más que un ser humano.*

VI. Necesidad de vincularse a la Tradición mediante la iniciación

Como marco de referencia previo, conviene recordar que:

1º En toda Forma Tradicional conviven y se complementan dos ámbitos distintos pero complementarios: el exoterismo (religión) y el esoterismo (metafísica) que son como la corteza y el núcleo del mismo fruto que es la Tradición total. Por tanto, la metafísica es la expresión doctrinal de la Verdad, que constituye el sustrato doctrinal común de todas las Formas Tradicionales: la metafísica «es la parte esencial y fundamental de la Tradición, el conocimiento principal del que todo el resto depende por completo y sin el cual nada verdaderamente tradicional podría existir en modo alguno». Por tanto;

a) Exoterismo y esoterismo, no son dos doctrinas distintas u opuestas sino las dos caras de una misma doctrina.

b) La religión es la parte exterior de toda Tradición que está dirigida a todos los individuos de modo que, quien sigue una vía esotérica debe acatar y cumplir escrupulosamente los preceptos de la vía exotérica o religiosa.

c) El esoterismo no es la parte «interior» de una religión ni una suerte de religión especial reservada a una minoría; es la parte más interior de una Forma Tradicional, que está dirigida a quienes han tomado conciencia de la unidad esencial de todas las Tradiciones y aspiran a alcanzar una comunicación directa con los estados supraindividuales hasta el estado final.

d) El esoterismo es lo que confiere la plenitud de su sentido superior y profundo a las verdades expresadas de forma más o menos velada por el exoterismo; por tanto, todas las doctrinas tradicionales se unifican por el esoterismo, más allá de las diferencias necesarias de sus formas exteriores.

2º Las doctrinas tradicionales enseñan que originariamente el hombre estaba en plena posesión de un estado de pureza o inocencia primigenia; sin embargo, debido a la marcha descendente del Ciclo, la humanidad perdió *in illo tempore* su estado de existencia edénico y entonces fue necesaria la ayuda de una influencia espiritual (la iniciación) para restaurar la consciencia del estado primordial o edénico propio del dominio de la individualidad humana, todo ello como punto de partida y preparación para la toma de posesión de los estados superiores del ser (supraindividuales), hasta el estado supremo e incondicionado. Ahora bien, como la iniciación espiritual no es un rito reservado a una casta, función o élite religiosa, y dado que el trabajo es un medio de participación efectiva en la Tradición, entonces «cada ocupación es un sacerdocio» que debe revestir un carácter sagrado y ritual; en consecuencia, si a cada cual se le asigna la función (*ministerium* origina el *métier* francés, «oficio») para la que está capacitado, su oficio debe ser «soporte» para una iniciación que le servirá para «despertar» o «actualizar» sus posibilidades latentes. Lamentablemente, en Occidente, las iniciaciones asociadas a los oficios artesanales han desaparecido casi completamente y solo quedan algunos restos (alquimia-hermetismo, masonería, compañerazgo...).

3º Puesto que el conocimiento metafísico es de orden universal, sería imposible obtenerlo si no hubiera en el ser una facultad transcendente en relación al individuo: esta facultad es propiamente la intuición intelectual: Este conocimiento sólo es posible porque el ser, que es un individuo humano en cierto estado contingente de manifestación, es también otra cosa al mismo tiempo... el ser que aparece en este mundo como un hombre es, en realidad, algo muy diferente por el principio permanente e inmudable que le constituye en su esencia profunda (*Apercepciones sobre la Inicia-*

ción, cap. XXXII). Dicho en otros términos; dado que el individuo, como tal, no puede alcanzar el conocimiento de lo que está más allá del dominio individual, la obtención de un conocimiento suprahumano es posible porque el intelecto puro está potencialmente en todos los humanos, pero necesita ser actualizado mediante la transmisión de una «influencia espiritual» de origen suprahumano: «todo conocimiento verdaderamente iniciático resulta de una comunicación establecida conscientemente con los estados superiores» (*Apercepciones sobre la Iniciación*, cap. XXXII).

4º La iniciación es «la transmisión de una influencia espiritual». Por influencia espiritual se entiende aquella que es de origen suprahumano, es decir, de naturaleza supraindividual (Guénon utiliza el término sánscrito tradicional *apaurusheya;* suprahumano). Dicha transmisión implica la existencia de una cadena iniciática, maestro, linaje espiritual u organización que fuera efectivamente depositaria de tal influencia espiritual.

Teseo y el Minotauro (1515),
del maestro dei cassoni campana (Petit palais de Avignon)

VII. Concepto de élite

Actualmente la palabra «élite» tiene una connotación negativa porque parece ir automáticamente asociada a una élite económica, social o política que solo busca mantener sus privilegios en perjuicio de la masa anónima. Ello es consecuencia de la desconfianza, por no decir hostilidad, a todo tipo de jerarquía o superioridad que no cumpla con ciertos parámetros; por ejemplo, se acepta muy fácilmente que existe una élite en el deporte (futbolistas, tenistas, pilotos…), o una élite de artistas (cantantes, actores, etc.) mimados a los que se consiente que presuman obscenamente de su riqueza, medios de vida y despilfarro. Por tanto, aunque el hombre moderno parece aborrecer todo lo que suponga elitismo, lo cierto es que simplemente se ha limitado a sustituir la admiración o imitación de unas elites por otras. Por ejemplo, la obsesión por la fama mediática ha hecho que las nuevas élites de hoy sean los *influencers*, el interés por la gastronomía ha convertido a los chefs en reputados *gurús*; la aspiración de pertenecer a un grupo cerrado al que no acceden más que unos pocos se traduce en la necesidad de estar a la moda y de vestir marcas de lujo; pese a la cultura igualitaria y la crítica de los privilegios, casi todos quieren lucir en sus ropas los logos de las mejores marcas. Pero no son esas élites económicas, religiosas, eruditas y políticas las que reivindica René Guénon, pues las considera falsas élites. Desde el punto de vista tradicional, *la élite es única y exclusivamente espiritual*.

¿Qué no es la élite? En diversas ocasiones advierte Guénon que la comprehensión «intelectual» no tiene nada que ver con el saber puramente «libresco», que la metafísica verdadera no es una materia académica reservada a «especialistas», y que los eruditos y académicos suelen estar repletos de prejuicios

¿Qué es la élite? Bastaría mencionar que la palabra «elite» se deriva de «elegido», pero podría añadirse que, en última instancia, *elegidos* son aquellos que han realizado estados supraindividuales; por ejemplo, los que han comenzado a hacer efectiva su iniciación. Bien es verdad que, como la élite no se limita a los *Brahmanes*, sino que también alcanza a los *Chatryas* y a los *Vaysas*, ninguna función, orden o casta posee monopolio alguno a este respecto (*Autoridad espiritual y poder temporal*, cap. II).

RENÉ GUÉNON COMO INTÉRPRETE DE LA TRADICIÓN

Con todo, es importante insistir en el concepto de *autoridad espiritual* en Guénon; se refiere a una élite espiritual que ha realizado estados supraindividuales y, por tanto, se sitúa en el ámbito esotérico o puramente metafísico de toda *Forma Tradicional*. En consecuencia, no debe confundirse el concepto de *autoridad espiritual* (ámbito esotérico) con el de *jerarquía religiosa* (ámbito exotérico), de la misma manera que dicha autoridad espiritual no ha de tener necesariamente una forma religiosa. Y dado que la contemplación es superior a la acción, en toda civilización normal, la autoridad espiritual debe primar sobre el poder temporal, lo cual se traduce en la hegemonía de la función sacerdotal sobre las otras funciones.

¿Cuál es su función? En un sentido general, deben conservar y transmitir la doctrina tradicional, y especialmente el conocimiento suprarracional, es decir, aquel que permite la realización espiritual. Más concretamente, en los tiempos finales del *Kali-Yuga*, la élite de iniciados tiene por misión custodiar el «arca de los símbolos» y transmitir tal depósito al siguiente ciclo de la Humanidad. Aquellos hombres que comprendan la Tradición «están destinados a preparar los gérmenes del ciclo futuro» (*El reino de la cantidad y los signos de los tiempos*, prefacio). A estos efectos, «la elite existe todavía en las civilizaciones orientales y, aun admitiendo que se reduzca cada vez más ante la invasión moderna, subsistirá por lo menos hasta el fin, porque es necesario que así sea para conservar el depósito de la Tradición que no puede perecer, y para asegurar la transmisión de todo lo que debe ser conservado» (*La crisis del mundo moderno*, conclusiones). Entiéndase bien; no se trata de rectificar las derivas del mundo moderno colaborando con algún régimen político sino de formar una «élite espiritual» al margen de la política, en la convicción de que tarde o temprano los poderes temporales, a fin de desarrollar cabalmente sus fines, reconocerán la superioridad jerárquica de la autoridad espiritual. Por tanto, la función de las élites espirituales ha ser una «acción de presencia» o, dicho en términos taoístas, una *no-acción*.

¿Cómo formar una élite en Occidente? Para que una *élite espiritual tome conciencia de sí misma y de su función*, debe encontrar los medios para un «despertar espontáneo de sus posibilidades latentes». Para ello, el camino más rápido y seguro sería que el cristianismo latino recuperará su *Forma Tradicional* original sin tener que recurrir a injertos orientales.

Ciertamente, la mejor opción sería que la elite pudiera tomar un punto de apoyo en una organización occidental que tuviera ya una existencia efectiva; ahora bien, parece ser que no hay ya en Occidente más que una sola organización que posea carácter tradicional y que conserve una doctrina susceptible de proveer al trabajo del que se trata: es la Iglesia Católica. Según Guénon, en Occidente solo hay restos de espíritu tradicional en el catolicismo de manera que toda tentativa de recuperar ese espíritu tradicional está abocado al fracaso si no parte de ese hecho. Para ello, «bastaría con restituir a la doctrina de ésta, sin variar nada la forma religiosa bajo la cual se presenta al exterior el sentido profundo que realmente tiene en sí misma, pero del que sus representantes actuales parecen ya hoy, no tener consciencia, ni tampoco de la unidad esencial con las otras *Formas Tradicionales*; siendo las dos cosas por supuesto inseparables una de otra» (*La crisis del mundo moderno*, conclusiones). Por cierto, que solo este párrafo serviría para refutar a quienes acusan a Guénon de querer «orientalizar» Occidente o de transformar su Tradición en una forma de sincretismo. Tal labor de restauración bajo ayuda oriental con el fin de formar una élite occidental no implicaría una fusión de culturas o la práctica de eclecticismo o de sincretismo alguno. En definitiva, se trataría «no de imponer a Occidente una Tradición oriental cuyas formas no corresponden a su mentalidad, sino de restaurar una Tradición occidental con la ayuda de Oriente, ayuda indirecta de entrada y directa posteriormente».

Casi un siglo después de estos premonitorios proyectos, no puede decirse que Occidente se haya «orientalizado»; al contrario, es Oriente el que se está occidentalizado en el peor sentido de la palabra. Con todo, «el Oriente verdadero, el único que merece verdaderamente este nombre, es y será siempre el Oriente tradicional, aunque sus representantes se vieran reducidos a no ser allí más que una minoría» (*Oriente y Occidente, addenda*).

VIII. Posibilidades iniciáticas de la Tradición cristiana

Como ya hemos indicado, la mayor parte de la obra de René Guénon se encamina a apoyar la recuperación del aspecto iniciático o metafísico de la Tradición Cristiana. En este sentido, intentaremos resumir los puntos de vista del autor:

RENÉ GUÉNON COMO INTÉRPRETE DE LA TRADICIÓN

1º Toda *Forma Tradicional* ortodoxa o regular, incluida la cristiana, posee una vertiente exotérica, *lata* o popular (por ejemplo, la religión), y otra vertiente o vía interna y más estricta (metafísica o esoterismo) que solo son capaces de seguir unos pocos. En sus orígenes, el cristianismo «tenía un carácter esencialmente esotérico y por consiguiente iniciático»; conviene advertir que se trata *de «esoterismo cristiano» y no, como erróneamente algunos creen, de un «cristianismo esotérico», pues no se trata de una forma especial de cristianismo, sino del lado «interior» de la Tradición cristiana.* Varias citas neotestamentarias avalan la existencia de una enseñanza reservada a unos pocos frente a profanos a quienes «no les ha sido dado conocer el misterio del Reino de los Cielos»; por ejemplo, «No deis las cosas santas a los perros, y no arrojéis las perlas a los puercos, por miedo de que las pisoteen, y que, revolviéndose contra vosotros, os despedacen» (Mateo 6, 6). La diferencia entre el esoterismo y el exoterismo está magníficamente explicado en Mateo 13, 13; Marcos 4, 11-12; y Lucas 8, 10; allí los discípulos de Jesús le preguntan por qué habla alegóricamente a la gente, a lo que les responde: «El que tenga oídos, que oiga. A vosotros se os ha concedido conocer los secretos [misterios] del Reino de los Cielos; pero a ellos no. Por eso les hablo a ellos en parábolas: En ellos se cumple la profecía de Isaías: Por mucho que oigan, no entenderán; por mucho que vean, no percibirán. Porque el corazón de este pueblo se ha vuelto insensible; se les han embotado los oídos, y se les han cerrado los ojos». También los Santos Padres hacen alusión a una verdad que no es permitido contemplar a los catecúmenos; se afirma que hay una Tradición oral (*Paradosis*), no escrita, que ha sido transmitida por Jesucristo a sus más directos discípulos. En el siglo II San Ireneo afirmaba que «no ha sido por escrito cómo se ha transmitido esta verdad, sino de viva voz», pues se trata de la transmisión de los «misterios secretos enseñados por los apóstoles a los perfectos sin saberlo los demás» (*Adversus haereses* 3, 3, 1). Añade San Clemente de Alejandría que esa Tradición es la sabiduría (*sophia*) o *gnosis* «transmitida a algunos por sucesión a partir de los apóstoles en virtud de una tradición oral que ha llegado hasta nuestros días» (*Stromata* 6, 7, 61, 1-2). En el siglo III, Orígenes afirmaba que «los evangelistas mantuvieron oculta la explicación que dio Jesús de la mayor parte de las parábolas» (*Com. Math.* 14,2), pues se trata de una tradición esotérica que subyace en el Antiguo Testamento y que guarda «los misterios secretos y completos de la gnosis» (*De Principiis* 4,2,3). Y en el siglo IV, San Basilio habla de «una Tradición tácita y mística mantenida hasta nosotros... de una instrucción secreta que nuestros padres han observado... ya que ellos habían aprendido que es necesario el silencio para mantener el respeto del misterio». Igualmente, los escritos de Dionisio Areopagita mencionan un «secreto que nuestros maestros inspirados han transmitido a sus discípulos por un tipo de enseñanza espiritual y casi celeste. Los iniciados de espíritu a espíritu... no estando hecha la ciencia para todos». Bien es verdad que hay *Formas Tradicionales* en las que el esoterismo es más visible y prima sobre el exoterismo (por ejemplo el hinduismo o el lamaísmo tibetano), o se mueven paralelamente sin estorbarse (en la Tradición China el exoterismo que representa el confucianismo y el esoterismo del taoísmo), pero en otras tradiciones ambos aspectos de la doctrina se superponen (por ejemplo, el sufismo dentro del Islam, la Cábala en el judaísmo, o ciertas Órdenes religiosas como el Císter, en el cristianismo). La distinción entre el ámbito religioso personificado por Pedro, y el ámbito «interior» o esotérico, representado por Juan, queda reflejado en el siguiente episodio: «Pedro, volviéndose vio que les seguía el discípulo que Jesús amaba... Pedro pues, viéndole, dijo a Jesús: «Y éste, Señor, ¿a qué nos sigue?» Jesús le dice: «Si yo quiero que permanezca hasta que yo venga, ¿qué te importa a ti? Tú, sígueme». Corrió pues, entre los hermanos, el rumor de que ese discípulo no moriría. No obstante, Jesús no había dicho: él no morirá sino: «si yo quiero que permanezca hasta que yo venga, ¿qué te importa a ti?»» (Juan, 21, 20-23). Por tanto, si bien hay una única jerarquía dentro de la misma religión, y el ámbito esotérico debe observar y cumplir las prescripciones religiosas, también es cierto que el ámbito exotérico no tiene por qué tener conocimiento «oficial» de la jerarquía esotérica. Todo ello, advirtiendo, como ya hizo San Agustín, que lo esotérico no deben considerarse como un aspecto exclusivo o reservado a nadie, sino como una parte de la doctrina reservada a las etapas finales de la enseñanza.

2º A consecuencia de la masiva conversión al cristianismo en tiempos de Constantino, el esoterismo se redujo considerablemente en beneficio del exoterismo, pero ambos aspectos de la doctrina convivieron y respetaron sus respectivos ámbitos. Con todo, el cristianismo original mantuvo su carácter iniciático o esotérico «incluso tras su adaptación como religión de masas en los tiempos de Constantino» cuando hubo que atender a las ingentes masas de nuevos cristianos y buena parte de la élite espiritual decidió sacrificar la realización de estados supraindividuales en pro de una acción exterior; *así, esta minoración del cristianismo propició un enderezamiento general en Occidente que evitó la degradación.* Todavía en la Edad Media hubo cristianos que accedieron a la iniciación, «no de manera espontánea, virtual o excepcional, sino de manera regular, y más específicamente, en el interior de las Órdenes religiosas. Precisamente cuando esas iniciaciones hubieron de restringirse y se volvieron cada vez más inaccesibles, es cuando eclosionó el misticismo». Decía Guénon que *tenemos la certeza de que una élite en Occidente conservó en la antigüedad y en la Edad Media, doctrinas puramente metafísicas y completas que incluían la realización.* Y en otra ocasión afirmó que *había en esa época un esoterismo en ciertas Órdenes religiosas que tomaba su base y su punto de apoyo en los símbolos y los ritos de la religión católica, superponiéndose a ésta sin oponerse en modo alguno.*

Silencio monástico

3º Actualmente, la ausencia o minoración de la vertiente interna de la Tradición cristiana, en su doble aspecto de doctrina metafísica e iniciación (vía de realización espiritual), es una anomalía del mundo moderno que debe ser reparada: «si el Occidente ha perdido su recuerdo, es que ha roto con sus propias tradiciones, por lo que la civilización moderna es una civilización anormal y desviada». Así las cosas ¿ha logrado sobrevivir hasta nuestros días alguna forma de esoterismo cristiano? Guénon se mostró siempre asertivo respecto al cristianismo oriental: *en las Iglesias de Oriente no ha existido nunca misticismo en el sentido en que se entiende en el cristianismo occidental desde el siglo XVI; este hecho puede hacernos pensar que una cierta iniciación ha debido mantenerse en esas Iglesias y, efectivamente es lo que ocurre con el Hesicasmo, cuyo carácter realmente iniciático no parece dudoso.* Pero no lo fue tanto sobre el catolicismo… al menos sus pesquisas sobre el particular fueron siempre negativas: *tenemos razones para pensar que subsisten actualmente ciertas formas de iniciación cristiana, pero en medios tan restringidos que se les puede considerar como prácticamente inaccesibles.*

De nuevo hay que recordar que la obra de Guénon se explica en los intentos de ciertas cofradías orientales por ayudar a restaurar el espíritu tradicional de Occidente. Y no se engañe el lector; las críticas al cristianismo latino no encubrían ningún intento soterrado de proselitismo hindú o musulmán. Guénon es muy explícito sobre sus verdaderas intenciones:

a) Restaurar el esoterismo cristiano dentro de la Iglesia católica: *es únicamente en el Catolicismo donde se ha mantenido lo que subsiste todavía de espíritu tradicional en Occidente; toda tentativa «tradicionalista» que no tenga en cuenta este hecho está inevitablemente abocada al fracaso; ahora bien, si el depósito de la Tradición cristiana ha permanecido intacto, es bastante dudoso que su sentido profundo sea comprendido actualmente por una élite cuya existencia no comprobamos en ninguna parte* (*La crisis del mundo moderno*, cap. II).

b) Es necesaria la ayuda de la espiritualidad oriental: *como la Tradición cristiana se conserva en estado latente, ello permite a los que sean capaces de ello, recuperar su sentido; pero para despertar lo que está sumido en una especie de sueño y restaurar la comprensión perdida, es necesario un contacto con el espíritu tradicional plenamente vivo; y es en eso sobre todo donde Occidente tiene necesidad de la ayuda de Oriente si quiere volver de nuevo a la consciencia de su propia Tradición* (*La crisis del mundo moderno*, cap. V).

IX. Labor de René Guénon como intérprete de la Tradición

Si vivir es interpretar, ello implica un cierto grado de subjetivismo y, por tanto, de alejamiento de la objetividad. Decía Ortega y Gasset que dado que los hombres somos sujetos incurrimos en la subjetividad, solo si fuéramos objetos, seriamos objetivos. Ciertamente, en su labor de interpretación Guénon no fue infalible, ni en ocasiones supo abstraerse totalmente de los condicionamientos temporales. Fue el caso, por ejemplo, de su rectificación sobre la heterodoxia del budismo cuando Marco Pallis y Ananda K. Coomaraswamy le convencieron de ello, de modo que en la segunda edición de su libro *Introducción general al estudio de las doctrinas hindúes*, consideraba como antitradicionales solo ciertas formas del budismo Hinayana.

También se ha criticado su concepto tan rígidamente técnico de la transmisión espiritual con la iniciación o de que la iniciación sea necesaria para la realización espiritual, pues convendría distinguir entre el «rito de iniciación» y la «transmisión de la influencia espiritual» como dos circunstancias distintas que pueden ir separadas; en concreto, cabe recibir una «influencia espiritual» que lleve a la realización metafísica, sin haber sido iniciado, incluso sin tener un maestro vivo (fue el caso, por ejemplo, de Ramana Maharshi). Bien es verdad que algunos párrafos de sus trabajos y cartas dan pie para considerar que Guénon aceptaba otros matices, pero, como escribía para enunciar principios generales, evitaba entrar en excepciones que pudieran servir de excusa a occidentales perezosos amantes de atajos.

Otro de los asuntos discutibles en la obra de Guénon es su minusvaloración del esoterismo cristianismo al afirmar que, siendo inicialmente una doctrina esotérica, fue perdiendo tal carácter hasta prácticamente sucumbir bajo la mística. Pero limitar la mística cristiana a una simple forma exotérica, pasiva y sentimental resulta excesivamente reduccionista dado que precisamente el cristianismo ha denominado *Teología Mística* a la Vía más metafísica de realización espiritual. Por contra, esta desconsideración de la mística cristiana contrasta con la mayor atención prestada por Guénon a ciertas organizaciones medievales como los templarios, los *fieles de amor*, la masonería, el hermetismo, etc. Igualmente, salvo la escolástica tomista y algún autor occidental, nada habría apenas de valor metafísico en el Occidente cristiano tardomedieval y moderno, lo cual resulta excesivo. Bien es verdad que, en algunos casos, «si hay que conservar la palabra *misticismo*, no puede tener el mismo significado que en Occidente pues, mientras que el misticismo oriental es activo y voluntario, el misticismo occidental es pasivo y emotivo» (reseña a Jacques Bacot, *La Vie de Milarepa*, en *Les Cahiers du Mois*, nº 21-22, París, junio de 1926).

Nada habría que objetar cuando contrapone Oriente, como salvaguarda de las doctrinas tradicionales, frente a la decadencia espiritual de Occidente. El problema no es que idealice Oriente (actualmente la infiltración del mundo moderno en Oriente impide cualquier sobrevaloración) sino que, para realzar las diferencias entre ambos, tiende a minusvalorar las creaciones intelectuales de Occidente; por ejemplo, su desprecio por la antigüedad «clásica» y el llamado «milagro griego», pues, salvo el orfismo, el pitagorismo y el platonismo, para Guénon el resto de la «filosofía griega» apenas no sería más que un preámbulo de la filosofía moderna.

Igualmente, al exponer las doctrinas tradicionales, Guénon tuvo el mérito de dotar a la metafísica/esoterismo de un lenguaje preciso y riguroso, pero bien es verdad que su excesiva rigidez en el uso de algunos conceptos como, por ejemplo, «mística» o «filosofía» contribuyeron un poco a aislarle, a él y a su obra, del mundo que pretendía enderezar. En efecto, al presentar la «mística» y la «realización supraindividual» como términos incompatibles, levantaba un muro de incomprensión ante la espiritualidad cristiana. Igualmente, al desacreditar el uso del término «filosofía» (prefería el de *sophia*) y hacerlo prácticamente sinónimo de «filosofía moderna», impedía valorar adecuadamente el pensamiento griego, por ejemplo, la «filosofía» de Platón y de los neoplatónicos; y recuérdese que en el lenguaje de Platón el «filósofo» y el «sofista» equivalen, respectivamente, al «metafísico» y al «ocultista» de la terminología guenoniana. En suma, como el lenguaje no debería servir para construir desvanes artificiales, sino para abrir los poros de la comprenhensión, nos permitimos esbozar estos matices con la mejor intención.

En todo caso, esta mínimas reservas no empañan en absoluto la obra de René Guénon. Y si bien buena parte de la obra estaba destinada a orientar a ciertos lectores de mediados del siglo XX, y algunos de sus párrafos puedan ser producto de las circunstancias históricas y culturales que le tocó vivir, la inmensa mayoría de su obra conserva plena actualidad pues, no en vano, se inspira en el *Sanâtana Dharma*.

El río de la vida (1896), óleo de Hugo Simberg

X. Influencia de René Guénon: guenonianos y antiguenonianos

En líneas generales, la obra de René Guénon no ha tenido el reconocimiento que merecía y, de hecho, los medios académicos y eruditos han preferido ignorarla pese a que se han servido ampliamente de ella. Incluso se ha acudido a la falacia de definir despectivamente los principios doctrinales expuestos por Guénon con el calificativo de «guenonianos» con el fin de relegar todo ello al subjetivo campo de las creaciones o teorías individuales. Anticipándose a ello, Guénon insistió en diversas ocasiones que él no se inventaba nada, que era un mero portavoz de las doctrinas orientales y que, ante éstas, los personalismos y los individualismos no contaban y debían dejarse atrás. Lo cierto es que en ciertos ambientes pretendidamente intelectuales o más bien pseudointelectuales, quienes se declaran guenonianos (añadamos irónicamente que los hay de estricta y de lata observancia) sin percatarse de la contradicción que ello implica. Como en numerosas ocasiones manifestó Guénon que no era inventor de doctrina o corriente alguna, sino un mero expositor de las doctrinas tradicionales, consecuentemente cabe ser tradicional, pero no guenoniano. Los hay incluso que, inflados de la soberbia que produce el conocimiento derivado del estudio de su obra, presumen en debates y tertulias olvidando las críticas de Guénon al saber meramente libresco, pues hay frecuentemente más posibilidades de realización espiritual « en un ignorante, que puede instruirse y desarrollarse, que con aquél en quien algunos hábitos mentales han impreso ya una deformación irremediable». Esta guenonlatría es más perniciosa si cabe porque, so capa de esa falsa erudición, se omite que «la menor parcela de conocimiento *efectivo* vale incomparablemente más que todos los razonamientos de la mente» y que lo verdaderamente importante, la realización metafísica, implica desapegarse de todo pensamiento y permanecer en la Consciencia del Sí Mismo, pues *aquel que se aferra al razonamiento y no se libra de él en el momento requerido, permanece prisionero de la forma, que es la limitación por la que se define el estado individual y no lo rebasará ni irá nunca más allá.*

Como reacción a esta petulancia han surgido los que se declaran antiguenonianos, aunque bien es verdad, que, en muchos casos, tal denominación solo encubre la triste y perezosa incapacidad de ciertos egosaurios que, al no comprender las sutilezas del mundo auténticamente iniciático, buscan significarse de alguna manera y a toda costa. Esta es precisamente una de las razones por las que René Guénon no quiso tener «discípulos» y llegó a afirma que: «¡Apenas conozco peor calamidad que tener discípulos!» (carta del 12 de noviembre de1950 a Fernando Guedes Galvao).

Con todo, numerosas personas reconocieron su magisterio y la autenticidad de las doctrinas que enseñaba; más que seguirle personalmente, redescubrieron la existencia de una Tradición Única y Universal que se ha adaptado a las circunstancias de tiempo y lugar. Entre ellas, cabe citar a Ananda K. Coomaraswamy, Frithjof Schuon, Titus Burckhardt, Martin Lings, Michel Vâlsan, Roger Maridort, Marco Pallis, Jean Hani, Jean Borella, entre otros. También la obra de René Guénon ha influido indirectamente en numerosos autores tales como Emile Demerghem, Henri Corbin,

RENÉ GUÉNON COMO INTÉRPRETE DE LA TRADICIÓN

Jean Hebert, Georges Vallin, Leopold Ziegler, Jean Danielou, por citar algunos de los más conocidos. Mircea Eliade se inspiró grandemente en su obra aunque sin apenas citarle porque, según confesó en carta particular a Julius Evola, no quería provocar a las autoridades académicas que Guénon combatía y que le eran necesarias para su promoción profesional. Por su parte, André Gide escribió: «si René Guénon tiene razón, toda mi obra cae... nada puedo objetar a lo que ha escrito Guénon. Es irrebatible».

¿A qué obedece esta especie de «conspiración de silencio» sobre la obra de Guénon? Hay, al menos, cuatro razones fundamentales que explican esta singular forma de *dannatio memoriae* que consiste en utilizar su obra sin citarla:

1º Su crítica al mundo moderno, representado por la civilización occidental en todas sus facetas cultural, científica, filosófica, artística, política, social, moral, religiosa y especialmente espiritual, que se encuentra sugestionada o hipnotizada por la industria, la tecnología, la divulgación científica y la masificación de los medios de comunicación (actualmente esto es evidente en el caso de las redes sociales de internet); también censuraba el orientalismo oficial cuyos métodos (la erudición, el método histórico y la filología), al estar desprovistos de sus correctas *conexiones de sentido*, habían deformado las verdaderas doctrinas orientales.

2º Igualmente, su llamada a la formación de una auténtica elite espiritual en Occidente, ya fuera en el seno de la propia Tradición católica, o bien bajo tutela de las élites orientales, implicaba el negar a las autoridades académicas, políticas y religiosas (especialmente a la Iglesia católica) su condición de verdaderas élites. Especialmente virulento fue el rechazo de ciertos medios neoescolásticos hacia la idea de *Tradición Primordial* en la medida en que relegaba el cristianismo a ser una rama más entre otras y no la única verdadera; también en esos medios se rechazaba la distinción entre «exoterismo» y «esoterismo» porque convertía a la religión cristiana en la parte exterior de una supuesta Tradición cristiana más interna.

3º Se le ha considerado un autor «maldito», «poco riguroso» porque no citaba sus fuentes, «exótico», etc., por estar encasillado en el movimiento esotérico, e incluso se le considera un «ocultista», sin reparar en que Guénon denominaba *esoterismo* a la metafísica pura y que, por el contrario, fue un tenaz y constante adversario del ocultismo, el espiritismo, el teosofismo y otras formas pseudo-espirituales que siguen alentando el fenómeno *New Age*.

4º Bautizado en la religión católica, su posterior *vinculación* al Islam (que no fue propiamente una «conversión») era doblemente molesta dado que, además de tratarse de una religión histórica y culturalmente enfrentada al cristianismo, constituía un ejemplo de la incapacidad de ésta para satisfacer las aspiraciones espirituales de personas exigentes. Probablemente, la obra de Guénon habría tenido una mayor aceptación si en vez de haberse vinculado al Islam y vivir en El Cairo, lo hubiera hecho al budismo o al vedanta advaita y hubiera vivido en cualquier ciudad de la India. Similar desconfianza suscitaba el hecho de defender la metafísica y la espiritualidad y presentar constantemente como ejemplo de organización iniciática a la masonería, pese a denunciar su actual postración.

Con todo, el que la obra de Guénon haya pasado un tanto desapercibida ha tenido al menos un efecto positivo en la medida en que la ha mantenido no solo al margen de controversias religiosas y filosóficas a las que es tan aficionado el hombre moderno, sino también, de la torpe y abusiva manipulación política de quienes se empeñan en hacer una lectura sesgada y materialista de algunos de sus párrafos.

Luz para unos, extraño para otros, estamos conformes con Henry Corbin en que Guénon provoca en el lector una «saludable conmoción».

BIBLIOGRAFÍA

Alvarado, Javier: *Historia de los métodos de meditación no dual*, Madrid, 2012.
–*René Guénon. Testigo de la Tradición: Introducción a las obras completas*, Madrid, 2023.
Guénon, René: *Obras Completas*, 23 volúmenes, Madrid, 2023.

Colección obras completas
RENÉ GUÉNON
(24 volúmenes)

Dirección:
Javier Alvarado Planas

Francisco Ariza nació en Córdoba, y reside en Barcelona. Es investigador de la Vía Simbólica y la Tradición Unánime bajo sus diversas formas de expresión cultural. Colaborador de Federico González (1933-2014) publicó durante años (1990-2017) en la revista *Symbolos* fundada por este último. Actualmente publica en *Cultura Masónica* y en *Cuadernos de la Tradición Unánime*, colección perteneciente a Biblioteca Hermética. Dirige *El Taller. Revista de Estudios Masónicos*. Es autor de *Las Corrientes Hispánicas de la Cábala* (Ed. Symbolos, 1993); masonería. *Símbolos y Ritos* (Ed. Symbolos, 2002, y en Libros del Innombrable, 2007); *La Tradición Masónica. Simbolismo, Historia, Documentos Fundadores* (Obelisco, 2008); *La Obra de Federico González. Simbolismo, Literatura, Metafísica* (Libros del Innombrable, 2014); *Tartesos, la Ciudad de Ulía, el Señorío de Montemayor y el Castillo Ducal de Frías. Linajes Históricos y Mitos Fundadores* (Diputación de Córdoba, 2016); *El Simbolismo de la Historia. Una Perspectiva Hermética de la Tradición de Occidente* (Libros del Innombrable, 2018); *Los Ciclos Cósmicos en la Historia y la Geografía* (Ed. Vía Directa, La Eliana, Valencia, 2022). https://www.franciscoariza.com

RENÉ GUÉNON
Y LA IDEA DEL INFINITO

Francisco Ariza

Una de las ideas clave en la obra de René Guénon es sin duda alguna la que hace referencia al Infinito, cuya enseñanza él recibe fundamentalmente del Vedanta hindú, del Taoísmo y del Sufismo.[1] Diríamos incluso que el Infinito es la idea más importante de todas cuantas conforman la Metafísica, cuya doctrina René Guénon ha sido el primero en exponer íntegramente en Occidente.[2] A propósito de esto, nuestro autor siempre que ha tenido oportunidad ha señalado que aunque las verdades metafísicas escapan a las limitaciones propias del lenguaje humano, eso no significa que ellas no puedan revestir la forma lógica y analítica de dicho lenguaje, pues de lo contrario no habría manera de poder hablar de dichas verda-

---

[1] Este último especialmente en lo que se refiere a la obra de Muyidin ibn Arabi, cuyo *Tratado de la Unidad* René Guénon cita en varias ocasiones.

[2] Si bien a lo largo de la historia de Occidente han habido autores que han tratado sobre las ideas concernientes al Infinito y la Metafísica, tal el caso de ciertas escuelas gnósticas y el neoplatonismo griego (por ejemplo Proclo y Plotino) y cristiano (Dionisio Areopagita, Escoto Erígena, los llamados «místicos de Munich» como el Maestro Eckhart y sus discípulos Tauler y Suso, y, ya en el Renacimiento, Nicolás de Cusa, Marsilio Ficino y los cabalistas cristianos), no es menos cierto que una exposición tan detallada y completa no se había dado hasta la aparición de la obra de René Guénon. Más concretamente hablaríamos de los tres libros donde se «concentra» la doctrina metafísica, por orden de aparición: *El Hombre y su devenir según el Vedanta*, *El Simbolismo de la Cruz* y *Los Estados múltiples del ser*.

des. Esto es así porque las leyes que estructuran el lenguaje tienen, como todas las cosas, un origen esencialmente metafísico, sin el que carecerían de todo valor vehicular. Y es gracias precisamente a ese origen lo que permite que, a pesar de sus limitaciones, el lenguaje tenga en sí mismo una potencialidad simbólica y analógica sin la cual, en efecto, sería imposible comunicar el mundo de las ideas, dejando así abiertas «posibilidades de concepción ilimitadas como el dominio mismo de la metafísica» (*Introducción general al estudio de las doctrinas hindúes,* cap. VIII de la segunda parte). Esto es lo que el lector atento y sensibilizado hacia los postulados de la Tradición percibe en la obra de Guénon de forma inmediata: la capacidad que tiene el lenguaje con que dicha obra está escrita de dar forma a las ideas pertenecientes al ámbito metafísico, tan complejo de por sí, capacidad que no es el resultado de una comprensión simplemente teórica por parte de Guénon, sino que su misma manera de expresarlas es la consecuencia de una «efectivización» interior de sus significados verdaderos. Por eso su lenguaje no es erudito, pese al vasto conocimiento de que hace gala sobre los temas de la Metafísica, la Tradición Unánime y la Ciencia Sagrada en general, a los que «interpreta» en base a una inteligencia que aúna, en su exposición, el necesario rigor intelectual con la belleza de su precisión, que se resuelven en una didáctica donde el elemento preponderante es el «esplendor» que emana de las ideas. Tal forma de transmitir la doctrina dota al lenguaje humano de un «espíritu» que lo transmuta en «prosa poética», evocando así la «lengua de los pájaros», que es una manera de denominar la «lengua angélica»,[3] de la que deriva el «lenguaje de los símbolos», el mismo que Guénon emplea magistralmente para vehicular su discurso.

La importancia que concede a la idea del Infinito la destaca él mismo nada más comenzar el capítulo primero de *Los Estados múltiples del ser,* una obra capital para entender la cuestión que vamos a intentar explicar en este escrito, a saber: que el Infinito es la más primordial de todas las nociones metafísicas. Implícitamente, con esa «primordialidad» Guénon

---

[3] Hay que recordar aquí que la belleza es un nombre divino, considerada por Platón como el «esplendor de lo verdadero». Por ello no ha de confundirse la belleza con la mera «estética», que algunos en una confusión de planos absoluta (caso de F. Schuon), consideran como un «valor iniciático» en sí. Por otro lado, según la Tradición, la «lengua de los pájaros» es la que hablaba la humanidad primordial en el Paraíso.

está queriéndonos decir que, lejos de ser una mera abstracción sin resultado tangible para nuestra vida, en la comprensión de lo que significa el Infinito tenemos la posibilidad real de superar los condicionamientos y limitaciones que nos definen como seres nacidos bajo un determinado estado individual, en este caso el estado humano, signado por la «forma» corporal y sutil. Pero la realización metafísica implica superar no solo el estado individual, sino también los estados supraindividuales (o «informales», por ejemplo los estados angélicos), que aun siendo de naturaleza espiritual están todavía sometidos a ciertas limitaciones por pertenecer a la Manifestación cósmica, si bien la realización metafísica no sería posible sin la toma de conciencia *efectiva* de esos estados al desempeñar estos un papel de intermediarios o de pasaje entre lo manifestado y lo inmanifestado. En este punto, hay que tener en cuenta que lo Universal abarca tanto la «manifestación informal» como lo inmanifestado, al que pertenece el Ser y el No Ser.

Según la teoría de los estados múltiples, todos los seres manifestados, y por el hecho de estarlo, están sometidos a las condiciones establecidas por el mundo o el estado en que nacen (en nuestro caso el estado humano), pero, considerando lo que antes hemos dicho, también existe la posibilidad de realizar estados de nuestro ser que no pertenecen ni pertenecerán jamás a la manifestación, que son los estados incondicionados y puramente metafísicos (por tanto ni individuales ni supraindividuales), los cuales concuerdan con la naturaleza misma del Infinito, lo que en términos hindúes equivale al «verdadero Conocimiento de *Brahma*». Hablamos del *Brahma* Supremo, llamado *Brahma nirguna*, o sea «no cualificado», en el sentido de que está más allá de todo atributo, distinción o determinación, y por ello «absolutamente incondicionado, y ante el cual la manifestación universal toda entera es rigurosamente nula al respecto de Su Infinitud», como señala Guénon en el capítulo primero de *El Hombre y su devenir según el Vedanta*. En este sentido, es importante no confundir al *Brahma nirguna* con el *Brahma saguna* («cualificado» o con atributos), es decir, a *Brahma* como Principio Supremo con el *Brahma* como el principio creador (idéntico al Ser Universal), que junto a *Visnú* y *Shiva* conforman la *Trimurti*, de la que emana la realidad cósmica, así como su conservación y su permanente transformación. Como lo expresa Guénon en *El Hombre y su devenir según el Vedanta* (cap. X):

El primero [*Brahma nirguna*] es el 'Supremo' o *Para-Brahma* [idéntico al Infinito], y el segundo es el 'No Supremo' o *Apara-Brahma* (que es *Îshwara*); pero de ello no resulta que *Brahma* deje en cierta manera de ser 'sin dualidad' (*adwaita*), ya que el 'No Supremo' [*Brahma saguna*] mismo es completamente ilusorio en tanto que se distingue del 'Supremo', como el efecto no es nada que sea verdadera y esencialmente diferente de la causa.

Lo que coincide con el primer versículo del *Tao-Te-King*:

El Tao que puede ser nombrado / no es el Tao eterno / El nombre que puede definirse no es el nombre inmutable / Sin nombre es el principio del universo / y con nombre, es la madre de todas las cosas / Desde el no-ser comprendemos su esencia; / y desde el ser, sólo vemos su apariencia / Ambas cosas, ser y no-ser, tienen el mismo / origen, aunque distinto nombre / Su identidad es el misterio. / Y en este misterio / se halla la puerta de toda maravilla.

Términos como el de *Tao* y el de *Brahma* Supremo, y otros que iremos viendo (*Atmâ*, Sí Mismo, *Paramatmâ*, Posibilidad Universal y Todo metafísico), son nombres que aluden al Infinito, cuyo conocimiento, digámoslo ya de entrada, no se realiza «por grados», es decir no es el resultado de un proceso o desarrollo que tiene un comienzo y un fin, pues no hay en él una separación entre el sujeto que conoce, el objeto conocido y el propio conocimiento. *Brahma* (el Infinito) es el sujeto que conoce, el objeto de conocimiento y el conocimiento mismo. Así, todo conocimiento particular y relativo es una participación en el conocimiento de *Brahma*, puesto que no hay ningún otro conocimiento que esté fuera de Él. A este respecto, Guénon recoge en el capítulo XV de *El Hombre y su devenir según el Vedanta* el siguiente comentario de Shankaracharya sobre la *Kena Upanishad*:

Ahora es posible un conocimiento distinto y definido con respecto a todas las cosas que pueden convertirse en objeto de conocimiento: pero no es posible en el caso de Aquello que no puede convertirse en tal objeto. Aquello es *Brahma*, pues es Él el que conoce, y El que conoce puede conocer otras cosas pero no puede hacerse a Sí mismo objeto de Su conocimiento, del mismo modo que el fuego puede quemar otras cosas pero no puede quemarse a sí mismo. Tampoco puede decirse que *Brahma* puede convertirse en objeto de conocimiento para cualquier otro que no sea Él mismo, puesto que fuera de Él no hay nada que sea capaz de conocimiento.[4]

La comprensión del Infinito es inmediata, directa y por «intuición intelectual», que no es otra cosa que la «visión interior», expresión idéntica al «ojo del corazón» del esoterismo islámico. Se trata de una facultad inherente al Intelecto divino, el cual, aunque está presente en el ser humano (pues de otra manera sería imposible para este salir de los límites de lo individual), no le pertenece como tal. El Intelecto es universal, no particular, ni tampoco general, palabra que se confunde muchas veces con lo universal.[5] Por eso mismo, el conocimiento del Infinito no se «alcanza» sino que se comprende sin más, porque no teniendo ni dimensiones espaciales ni temporales está siempre presente en todo instante, o en un «eterno presente» como ha dicho Guénon en numerosas ocasiones. Si no fuera así, esto supondría situar al Infinito en una «meta» a la que hay que llegar, negando su absoluta omnipresencia, o sea la ausencia en él de toda limitación o condicionamiento espacial y temporal, lo que le permite estar en todo lugar y en todo tiempo simultáneamente. El Infinito carece de tamaño pues es no-espacial, lo mismo que no es perenne, o perpetuo, sino intemporal y eterno. Por consiguiente, los términos de espacio y tiempo no pueden aplicarse al Infinito.

Debido a la complejidad que subyace en la idea del Infinito cuando se tiene que hablar de su naturaleza, es decir cuando se tiene que teorizar sobre ello (contrastando así con la «claridad» que otorga su comprensión efectiva) se ha de recurrir muchas veces al uso de la paradoja, como cuando se dice que el Infinito (que es «no finito») no excluye lo finito, o que él «es» y «no es» al mismo tiempo, o bien cuando Dionisio Areopagita menciona a las «tinieblas más que luminosas del divino silencio», e incluso el *wu wei* («hacer no haciendo» del Tao), expresiones todas ellas que no son sino oxímoros que en su contradicción interna pueden llegar a

---

[4] A propósito de esto Guénon recuerda también el siguiente versículo del *Tratado de la Unidad* de ibn Arabí: «No hay nada, absolutamente nada que exista excepto Él, pero Él comprende Su propia existencia sin que (no obstante) esta comprensión exista de una manera cualquiera».

[5] Ver *El Hombre y su devenir según el Vedanta*, cap. II. Allí se dice que lo Universal comprende la no manifestación y la manifestación informal, mientras que lo individual comprende la manifestación formal, a la que pertenece el estado corporal y el estado sutil, comprendiendo este el alma, o psique, propiamente dicha.

sugerir nuevas posibilidades de comprensión más allá de la lógica racional, que es precisamente a lo que conduce la comprensión metafísica al ser esta de orden suprarracional. Asimismo, se hace indispensable acudir al recurso de expresiones verbales (como la de esa cita anterior de Shankaracharya de que «el fuego puede quemar otras cosas pero no puede quemarse a sí mismo»), o a comparaciones con imágenes que, aunque sean finitas, se adecuan perfectamente al lenguaje analógico permitiendo la posibilidad de un «resquicio» por donde las ideas del Infinito puedan introducirse en la conciencia haciéndola más «sensible» a su recepción, al mismo tiempo que se va desembarazando de los estrechos límites a los que la tiene sujeta el pensamiento individualizado. Todas las tradiciones con un fundamento metafísico recurren con profusión al uso de esas paradojas, expresiones, imágenes y analogías, y en lo que sigue tendremos ocasión de ver algunas más, igualmente «reveladoras» en su «lógica mágica».

René Guénon,
a finales de los años cuarenta

LA DISTINCIÓN ENTRE LO INFINITO Y LO INDEFINIDO

Como su palabra indica, el Infinito es lo que no tiene ningún límite, o sea lo Ilimitado, que es exactamente lo que significa también el término cabalístico *En Sof*, «sin límite», en referencia a todo aquello que, en su infinitud, no está sujeto a la estructura cósmica, ni tan siquiera a la Ontología, que es el ámbito del Ser, el cual, aunque en sí mismo inmanifestado, es sin embargo el principio de la Manifestación (de ahí que también se denomine la Unidad metafísica) y por el hecho de serlo ya está determinado, aunque sea la primera de todas las determinaciones. La expresión «sin límite» indica asimismo lo Absoluto y lo Eterno, términos que, como hemos dicho, de ninguna manera han de ser considerados desde el punto de vista espacial y temporal, conceptos que sí se prestan a un desarrollo indefinido.[6] Por eso hay que distinguir al Infinito de lo indefinido, distinción que Guénon consideraba fundamental para tener una idea cabal de lo que es el Infinito, y asimismo para evitar cualquier «desvío» en lo que se refiere a la doctrina metafísica, y en el que han incurrido con frecuencia incluso autores que en su momento se nutrieron de su obra para después desvirtuarla, con o sin intención.

Guénon tenía bien presente la influencia negativa que en la historia de Occidente ha tenido esa confusión, que no es cualquier cosa, pues estamos en el terreno de las ideas, y ya se sabe que en ese ámbito debe prevalecer siempre el necesario rigor intelectual y la claridad en los conceptos, sin los cuales es muy fácil invertir el sentido de los mismos, alterando sus significados.

En otra obra suya (*Introducción General al Estudio de las Doctrinas Hindúes*, cap. IV de la primera parte), Guénon señala que el concepto del Infinito y otras ideas metafísicas no aparecen en la filosofía occidental hasta que el neoplatonismo no recibe el influjo de las doctrinas orientales, especialmente las hindúes, ideas que serán transmitidas posteriormente a los neoplatónicos cristianos, algunos de los cuales hemos nombrado en una nota anterior.[7] Hasta entonces la idea del Infinito tal cual es formulada en la metafísica oriental no formaba parte de la filosofía griega, especialmente la expuesta por Aristóteles y sus discípulos, que en sus concep-

---

[6] Lo indefinido no solo se relaciona con la extensión espacial (con la divisibilidad de la materia incluida), sino también con la perpetuidad o perennidad temporal, como es el caso de los grandes ciclos cósmicos, que sin embargo están «medidos» (es decir «definidos») por la acción del movimiento periódico y regular de los astros en el espacio, como ocurre, por ejemplo, con los ciclos que están determinados por la Precesión de los equinoccios.

[7] Esa influencia en el neoplatonismo se evidencia claramente en Proclo, el gran comentarista e intérprete de Platón, cuando en su *Comentario al Parménides*, menciona la infinitud del Uno (considerado no como el Ser sino como el Principio Supremo), negando que esté dividido en partes (lo cual se contradeciría con su infinitud), así como que no tiene principio ni fin, o sea que es sin límites, siendo por tanto Ilimitado. Por otro lado, es notoria la influencia que, a su vez, Proclo ejerce sobre los neoplatónicos cristianos antes nombrados, especialmente en Dionisio Areopagita, contemporáneo suyo (siglo VI d.C.), quien en su *Teología Mística* tiene pasajes que muy bien podrían pertenecer al Vedanta hindú.

ciones más altas llegaban hasta el Ser, es decir hasta la Ontología.[8] Asimismo, para la mentalidad griega lo acabado, es decir lo «finito» era sinónimo de perfección.[9] De esto se desprende que si lo finito es lo perfecto es porque presupone una imperfección previa, es decir un «caos», que en este caso sería sinónimo de lo indefinido, que además se presenta como algo «inacabado» y por tanto imperfecto, como veremos más adelante. Sin embargo, para la metafísica oriental (hindú o taoísta) es el Infinito, y no lo finito, el que es idéntico a la Perfección pero sin que suponga previamente una imperfección, o un contrario cualquiera al que oponerse, por ejemplo el bien al mal, que es una dualidad que lógicamente no cabe en aquello que en esencia es idéntico a la No Dualidad.[10] Esto marca así una diferencia fundamental entre el pensamiento filosófico que llega hasta la ontología y el pensamiento metafísico, diferencia que los neoplatónicos habían superado en gran parte tras asumir la idea del Infinito y de lo Ilimitado.

Pero los primeros equívocos que dieron pie a la posterior confusión del Infinito con lo indefinido aparecen ya en aquel axioma escolástico medieval que habla de un «Infinito absoluto» (*Infinitum absolutum*) y un «Infi-

---

[8] Así, y pese a su título, la *Metafísica* de Aristóteles es un tratado de ontología más que de metafísica, pues nada se dice en ella acerca de la idea del Infinito ni de lo Ilimitado en el sentido auténticamente metafísico. Etimológicamente la metafísica es lo que está «más allá de la física», entendiendo por esta no solo la naturaleza en el sentido físico del término sino igualmente el Alma del Mundo, es decir el Cosmos invisible, «producido» a partir de la emanación de los arquetipos contenidos en el Ser Universal.

[9] Esa perfección atribuida a lo finito, y por tanto a los límites, se ve reflejada también en el Orden cósmico, o *Harmonía Mundi*, como resultado de haber sido «medido», o definido, por el compás del Gran Arquitecto del Universo dicho en términos masónicos. Sobre el concepto iniciático de medida en relación con el orden cósmico ver otra obra importante de Guénon: *El Reino de la Cantidad y los Signos de los Tiempos*, capítulo III.

[10] A propósito de la Perfección como idéntica al Infinito, debemos recordar lo que dijo Guénon cuando, a la edad de 23 años y bajo el seudónimo de «Palingenius», escribió en la revista *La Gnose* un artículo titulado «El Demiurgo», del que extraemos lo siguiente: «Es evidente que lo Perfecto no puede engendrar imperfección, ya que, si esto fuera posible, lo Perfecto debería contener en sí mismo lo imperfecto en estado principial, con lo que dejaría de ser lo Perfecto (...); de lo que resulta que lo imperfecto no existe, o que, al menos, lo imperfecto sólo puede existir como elemento constitutivo de la Perfección total, y, siendo así, no puede ser realmente imperfecto, y lo que llamamos imperfección no es más que relatividad. Así, lo que llamamos error es verdad relativa, ya que todos los errores deben ser comprehendidos en la Verdad total, sin lo que ésta, estando limitada por algo que estaría fuera de ella, no sería perfecta, lo que equivale a decir que no sería la Verdad. Los errores, o, mejor dicho, las verdades relativas, no son sino fragmentos de la Verdad total». (Este fragmento lo hemos reproducido de la revista *Symbolos* en su n.º 8, segundo semestre de 1994).

nito segundo» (*infinitum secundum quid*), que es realmente lo indefinido, si bien con el empleo de la palabra *infinitum* para designarlo se corría el riesgo de provocar esa confusión entre el verdadero Infinito y el falso infinito (lo indefinido), como así fue. Es cierto que los escolásticos distinguían entre ambas expresiones, sin embargo ese doble empleo de la palabra *Infinitum* originaría la confusión posterior, que podía haberse evitado si, como indica Guénon en *Los Principios del Cálculo Infinitesimal* (cap. I) filósofos y matemáticos con la influencia de un Leibnitz o un Descartes, entre otros, no hubieran padecido de esa confusión y las contradicciones que conlleva, que, como asegura Guénon, plagaron

> «su ciencia de un montón de ilogismos, o, si se prefiere, de 'paralogis-mos',[11] que la hacen perder todo valor y todo alcance serio a los ojos de aquellos que no se dejan encandilar por las palabras». (*Ibíd.*, cap. XX)

Todo esto, en definitiva, condujo a que lo indefinido acabase por suplantar al Infinito, trasladando sus axiomas y proposiciones a la filosofía y a la ciencia que a partir de entonces (siglo XVII) comenzó a desarrollarse en un sentido exclusivamente cuantitativo, dando nacimiento a la «revolución industrial» como resultado de una tendencia cada vez más acentuada hacia la multiplicidad y lo indefinido (términos ambos que vienen a ser sinónimos), y que inevitablemente debía desembocar en la sociedad moderna, surgida de la aplicación práctica de sus postulados. En efecto, esa confusión supuso un cambio de paradigma considerable en la mentalidad de los filósofos y científicos que trajeron la modernidad, cuyo horizonte intelectual quedó desconectado con la idea del verdadero Infinito, o sea con la posibilidad de concebir que los fenómenos de la naturaleza y las manifestaciones de la vida en todas sus ramificaciones obedecen a principios de orden universal, que es la diferencia fundamental entre la ciencia tradicional y la ciencia moderna. Como indica a este respecto Federico González (*El Simbolismo Precolombino*, cap. XIX), la primera, la ciencia tradicional, es deductiva, pues «deduce» sus operaciones prácticas de esos mismos principios, o sea que va de lo universal a lo particular. La segunda, la ciencia moderna, es inductiva pues se basa en la observación empírica de hechos concretos para llegar a conclusiones generales que, co-

---

[11] Paralogismos: errores de razonamiento pero sin la voluntad premeditada de engañar, como sí sucede con los sofismas.

mo antes hemos dicho, no han de confundirse con los principios universales. De hecho, lo «general» es prácticamente sinónimo de lo indefinido.[12]

Si el Infinito es lo que no tiene límites, o sea lo no finito, lo indefinido es lo que «no está definido» porque «no se alcanza a ver sus límites», por ejemplo los límites del universo físico, lo cual no significa que estos no existan, pues de hecho lo indefinido es un desarrollo de lo finito, o sea de aquello que tiene un principio y un fin, como por otro lado es cualquier ciclo temporal (el de la existencia corporal, sin ir más lejos, que es indefinida solo porque no sabemos cuándo acontecerá «su fin», o sea su «definición» como tal existencia),[13] en tanto que el Infinito, como decimos, es lo que no tiene ni principio ni fin, o en cualquier caso el principio y el fin (espacial y temporal) están contenidos en el propio Infinito,[14] que es idéntico al Todo Universal al incluir tanto las posibilidades de manifestación como las de no-manifestación, es decir tanto al Ser como al No Ser, y en consecuencia no podría estar limitado de ninguna manera. En efecto, el Infinito, como el Todo, no está limitado por nada, pues si así fuera ya no sería el Infinito, y la idea de dos Infinitos, y mucho menos la de una «pluralidad de infinitos», es realmente absurda pues se limitarían y se excluirían mutuamente, de tal manera que ya no podría hablarse del Infinito propiamente dicho. Además, lo finito incluso si es susceptible de extensión indefinida, no es nada con respecto al Infinito. Por eso ninguna cosa o ser pueden considerarse como «partes del Infinito», lo cual sería caer en un panteísmo que no tiene ningún sentido desde el punto de vista metafísico, porque el término «parte» implica la existencia de una relación definida con el conjunto en el que está integrada.

---

[12] Esto trajo, como decimos, un cambio de mentalidad que acabaría afectando a todo el mundo, dando como resultado el nacimiento de nuestra civilización, basada en la técnica y sus aplicaciones meramente cuantitativas, cuyo último resultado es la actual «revolución cibernética», que gira en torno al desarrollo igualmente indefinido de la «inteligencia artificial».

[13] En la doctrina de los ciclos se habla de los *kalpas* y los *pralayas* como de la creación de un mundo y su disolución, es decir de su principio y su fin temporal, respectivamente. En ciertos mitos hindúes se habla de los «días de la vida de un *Brahmâ*» (el dios creador) en relación también con los grandes ciclos cósmicos.

[14] A esto es a lo que se refiere el siguiente pasaje del *Apocalipsis* de San Juan (21: 6): «Yo soy el Alfa y la Omega, el principio y el fin. Al que tiene sed, yo le daré gratuitamente de la fuente del agua de la vida». Esa fuente es el propio Infinito, y »gratuitamente» ha de entenderse en el sentido de que el Infinito «se entrega» desinteresadamente a quien «tiene sed» de Él, de su conocimiento. Dicha «entrega» es una expresión, en lenguaje teológico, de ese «Dios es Amor» del Evangelio de San Juan.

RENÉ GUÉNON Y LA IDEA DEL INFINITO

El problema aparece cuando se considera la idea del Infinito, o de lo Ilimitado, exclusivamente desde el punto de vista de la matemática moderna, que para empezar designa al «infinito» con el signo del ocho apaisado, o «cinta de Moebius» (∞), cuando en realidad esta es una figura cerrada y por lo tanto finita, como lo es también el círculo, que se toma generalmente como un símbolo de la eternidad, cuando en realidad representa a un ciclo temporal, como el del año o cualquier otro ciclo, más pequeño o más grande. Desde hace tiempo las matemáticas confunden al Infinito con la indefinitud numérica, cuando esta no es más que el resultado de las adiciones sucesivas de la unidad a sí misma repetidas indefinidamente, que en el fondo, dice Guénon,

> «no es otra cosa que la extensión indefinida del procedimiento de formación de una suma aritmética cualquiera, y se ve aquí muy claramente, cómo lo indefinido se forma a partir de lo finito».[15]

Y a continuación añade:

> «pero para plantear las cosas de una forma más general y aplicable a todos los casos [o sea también al tiempo y al espacio], bastaría a este respecto en insistir sobre la idea de 'devenir' que está implícita en el término 'indefinido', y que hemos expresado anteriormente al hablar de un desarrollo de posibilidades, desarrollo que en sí mismo y en todo momento, implica siempre algo de inacabado».[16]

Decir que la idea del devenir está implícita en lo indefinido es afirmar, en efecto, que está en un permanente cambio, lo cual es conforme a la naturaleza misma de lo indefinido, que implica algo que todavía no está completamente realizado. Si hablamos de la extensión en relación no con el número sino con el espacio y el tiempo, dicha extensión por muy indefinida que sea no podrá salir nunca de lo finito, ya que

---

[15] De manera inversa, una figura finita y limitada como el círculo está compuesta de una multitud indefinida de puntos. La teoría de la relatividad acerca del universo físico como un «espacio curvo» es conforme a esta idea, lo que explicaría, desde la perspectiva cosmológica, que lo indefinido está circunscrito a lo finito.

[16] *Los Principios del cálculo infinitesimal*, cap. I. Esta idea de «inacabado» y no realizado se observa también en lo «indefinidamente grande» y en lo «indefinidamente pequeño», o entre las cantidades «indefinidamente crecientes» y las «indefinidamente decrecientes». Ver el cap. IX.

«mientras que lo finito presupone necesariamente lo Infinito, pues es éste el que comprende y engloba todas las posibilidades, lo indefinido procede al contrario de lo finito, ya que no se trata en realidad más que de un desarrollo al cual es siempre por lo tanto reductible, pues es evidente que no se puede deducir de lo finito, por cualquier procedimiento que sea, nada más ni ninguna otra cosa que lo que estaba contenido potencialmente en él. (*Los Principios del cálculo infinitesimal*, cap. I)»

O sea, que lo «más no puede salir de lo menos», por eso lo indefinido está contenido en lo finito. Así pues, el número, junto con el espacio y el tiempo, son condiciones de la existencia que, como tales, solo pueden ser finitas. Hay en ellas ciertas posibilidades, fuera de las cuales existen otras, lo que implica necesariamente su limitación. En efecto, el número, el espacio y el tiempo, no pueden ser infinitos pues están limitados por las *determinaciones que constituyen sus naturalezas respectivas*, y que les *impide ser otra cosa distinta de lo que son* en realidad. Por tanto, son esas determinaciones las que los dejan fuera de las posibilidades que no son ni numéricas, ni espaciales ni temporales, es decir de todas aquellas posibilidades que son verdaderamente universales.

EL INFINITO Y SUS RELACIONES CON LA POSIBILIDAD UNIVERSAL

Por ello, reiteramos, el Infinito no puede estar determinado por nada, ni sujeto a ninguna restricción ni condición o limitación alguna, cualesquiera que estas sean. Además, la limitación adquiere el carácter de una verdadera negación, pues como afirma Guénon:

Poner un límite es negar, para lo que permanece dentro de él, todo lo que dicho límite excluye; en consecuencia la negación de un límite es propiamente la negación de una negación, es decir (...) una afirmación, de tal forma que la negación de todo límite equivale en realidad a la afirmación total y absoluta.[17]

---

[17] *Los Estados múltiples del ser*, cap. I. Obviamente Guénon se está refiriendo al ámbito metafísico, porque en el orden cosmológico los límites son necesarios para que dicho orden pueda existir, lo cual nos conduce de nuevo al simbolismo de la «medida», cualitativa y cuantitativamente hablando, como aquello que permite «delimitar» las formas (sutiles y corporales) de las cosas y los seres para que estos puedan manifestarse o rea-

Así, lo que carece de ningún límite lo contiene absolutamente todo, sin dejar nada fuera de él, idea esta que es muy difícil de asimilar mentalmente en toda su dimensión, precisamente porque la mente humana pertenece al orden de las facultades individuales, o sea que su ámbito se ciñe al mundo de las formas (corporales y sutiles), y por tanto de los límites. Pero hay en esto una «lógica» que, como diría Guénon, traduce en su ámbito lo que metafísicamente es una realidad que no admite contradicción alguna por no haber en ella nada de negativo, y si el término Infinito contiene una negación (pues es «no finito») es justamente por su absoluta indeterminación, de ahí la expresión *neti neti* («no es esto, no es esto») para referirse al *Brahma* Supremo, ya que carece de todo atributo. De aquí se deriva la idea del Todo universal, que como ya señalamos es idéntico al Infinito, y por tanto es «sin partes», por lo que no debe confundirse con el todo matemático, que sí es la suma de sus partes como ya señalamos. Tampoco se puede comparar con un conjunto o sistema ordenado, como el cosmos, que está compuesto de partes puesto que es finito, y además cada una de ellas está en relación con el conjunto pues lo reproduce en su escala, tal el microcosmos con respecto al macrocosmos. Podríamos decir que esas «partes» constituyen aspectos de lo finito, pero el Infinito, y por el hecho de ser Ilimitado, no puede tener una relación con algo limitado o finito, pues eso sería deducir que existe una dualidad dentro del Infinito, lo cual es absurdo, y lo absurdo, como dice Guénon, se confunde con la pura imposibilidad. El Infinito no se relaciona con nada salvo con el Infinito mismo, lo que no significa que excluya o esté separado de lo finito,[18] pues la idea de una exclusión o separación constituye ya una limitación, y

---

lizarse como tales. Sin embargo, y sobre esto último, conviene recordar que a la «forma sutil» no se la puede aplicar la «delimitación» corporal en sentido estricto, sino que los estados individuales a los que esa forma sutil pertenece pueden desarrollarse indefinidamente, pero sin salir de los límites impuestos por la individualidad, que es finita, como todo lo manifestado.

[18] «No se quiere considerar que el infinito se identifica a sí mismo con los objetos finitos, por temor de que pierda de algún modo su propia infinitud, y se haga inmanente en vez de trascendente. Pero este temor carece de fundamento. Como lo infinito es en esencia diferente de lo finito, no tiene ninguna necesidad de aferrarse o persistir en su posición única y peculiar. Sin dejar, pues, de ser absolutamente infinito, manifiesta el universo finito imaginando que él mismo es cada objeto finito singular, abandonándose sin reservas a la vida de todo ser vivo. Del mismo modo, un espejo que en cierto momento refleja el rojo, de inmediato se vuelve rojo y al mismo tiempo permanece esencialmente plateado o incoloro». (Alan Watts, *La Suprema Identidad*, cap. I).

eso sería caer en otro error, el de considerar que el Infinito no lo comprehende todo, pues siendo el Todo universal contiene en Sí mismo todos los estados sin estar, empero, contenido ni afectado por ninguno de ellos,

> «como tampoco el firmamento es afectado por lo que flota en su seno; conociendo todas las cosas (y siendo por eso mismo todas las cosas, no 'distintivamente', sino como totalidad absoluta), permanece inmutable, 'no afectado' por las contingencias». (*El Hombre y su devenir según el Vedanta*, cap. XXXIII)

Lo dicho anteriormente, más esta cita de Guénon acerca de un comentario de Shankaracharya sobre el Supremo *Brahma*, nos lleva a considerar ahora las relaciones que para nuestro autor el Infinito mantiene con la Posibilidad universal, que es igualmente ilimitada, pero que sugiere una potencialidad que está implícita en la misma palabra «posibilidad»: la de algo que aún no se ha realizado, lo que no quiere decir que lo posible no sea real pues ambos son metafísicamente idénticos, sino simplemente que aún no se ha manifestado lo que esa posibilidad de manifestación contiene esencialmente en sí misma.[19] En la medida en que se manifiesta, dicha posibilidad pasará a convertirse «en acto». Hemos de tener en cuenta que las posibilidades de manifestación, o de ser, constituyen inicialmente un «caos informe y vacío» (*tohu va-bohu* en la Cábala), es decir que están en un estado de «pura pasividad» dentro de la Posibilidad universal, hasta el momento en que tiene lugar la acción del «rayo luminoso» emanado de *Atmâ*, (el Sí mismo o Espíritu),[20] que coincide exactamente con lo que se

---

[19] A propósito de la identidad metafísica entre lo posible y lo real, Guénon señala que si todo «lo posible se realiza por el conocimiento, esta identidad, tomada universalmente, constituye propiamente la verdad en sí, ya que esta puede ser concebida precisamente como la adecuación perfecta del conocimiento a la Posibilidad total» (*Los Estados múltiples del ser* cap. XVI). Esto concuerda, añade Guénon, con la definición que Tomás de Aquino ofrece de la verdad como *adaequatio rei et intellectus*, es decir que la verdad consiste en la correspondencia entre la cosa conocida y el concepto producido por el Intelecto, teniendo en cuenta, advierte nuestro autor, que desde el punto de vista metafísico el Intelecto (el continente) y el conocimiento (el contenido) son absolutamente idénticos, pues si el conocimiento verdadero es inmediato, el Intelecto no constituye rigurosamente más que uno con su objeto. En este caso, el término Intelecto está transpuesto «más allá del Ser», ya que no es diferente de *Atmâ*, que se «conoce a Sí mismo por Sí mismo», pues no existe ninguna realidad que sea verdaderamente distinta de él.

[20] Esa acción del «rayo luminoso» guarda una exacta analogía con lo que representa la «influencia espiritual» en la iniciación a los misterios, gracias a la cual el ser puede des-

dice en el *Sefer Yetsirah* (IV, 5) cuando habla de la Palabra, o Verbo, emanada del Pensamiento divino: «Formó del *Tohu* (vacío) una cosa e hizo lo que es de lo que no era». Como se ve esta es una manera de expresar el paso de una posibilidad de ser en su estado inmanifestado a su estado manifestado, en donde realiza todo lo que ella contiene en sí misma.[21] En su conjunto, las posibilidades de la Manifestación están contenidas en el Verbo eterno, que por eso ha sido llamado el «lugar de los posibles». En diversos lugares de su obra Guénon deja muy claro que el Verbo es a la vez Pensamiento y Palabra: «En sí, es el Intelecto divino (...); con relación a nosotros, se manifiesta y se expresa por la Creación, en la cual se realizan en existencia actual algunos de esos mismos posibles que, en cuanto esencias, están contenidos en Él de toda eternidad. (*Símbolos Fundamentales de la Ciencia Sagrada*, cap. II).

Pero dentro de la Posibilidad universal también hay posibilidades que nunca se manifestarán porque pertenecen al No Ser, o sea «que no son nada de lo que pudiera ser algo» (Federico González) y que por ello jamás vendrán a la existencia.[22] Entonces, lo que hemos dicho anteriormente sobre las posibilidades de ser y de la acción del «rayo luminoso» de *Atmâ* sobre ellas, se refiere exclusivamente a aquellas posibilidades de manifestación contenidas en el Ser, no en el No Ser, al cual hay que atribuir esas «tinieblas más que luminosas del divino silencio» de Dionisio Areopagita.[23] Pero el No Ser contiene no solo las posibilidades de no manifestación sino también las de manifestación pero en tanto que no se manifiestan,

---

pertar de su letargo (o «caos») para comenzar a ordenarse interiormente, vivenciando y «realizando» sus estados superiores.

[21] Señala Guénon que las palabras «real» y «realización» están estrechamente emparentadas entre sí.

[22] He aquí la cita entera de Federico González refiriéndose al Infinito y al No Ser: «La palabra *Ain* (Nada), utilizada a veces por los cabalistas y el *Zohar* como idéntica a *En Sof*, entraña una idea de vacío absoluto. Pero esta nada y este vacío no son 'algo' en el sentido de la expresión moderna, a saber: algo que pueda ser percibido o se exprese como una negación de otra cosa. En verdad *En Sof* no es nada de lo que pudiera ser algo, tal la Majestad Inmensurable de esta doctrina cabalística». (*Introducción a la Ciencia Sagrada. Programa Agartha*, Módulo II, nº 3, de Federico González y Colaboradores).

[23] Acerca del silencio metafísico he aquí lo que dice nuevamente Federico González: «El silencio es un acto de concentración en donde el ser que se retrae a todo lo que despierta el mundo puede abrirse un pasaje secreto de Conocimiento efectivo y verdadero. En el silencio absoluto puede percibirse que la deidad es la única realidad posible, aún sin hombre y sin mundo. Absorberse en el silencio es volver definitivamente a la Nada Primordial.» (*Diccionario de Símbolos y Temas Misteriosos*. Silencio).

siendo una de ellas el propio Ser, que siendo el principio de la manifestación es por ello mismo inmanifestado como ya se dijo, o sea que tiene sus «raíces» en *En Sof*, el Infinito en términos cabalísticos. Por tanto, el Ser es el No Ser afirmado, siendo un punto en la inmensidad inabarcable del No Ser, «e inversamente el No Ser es un punto presente en todo lo que es.» (*El Simbolismo de la Rueda*, cap. I, de Federico González). En cuanto a la Posibilidad universal esta no sería infinita si no contuviera las posibilidades de manifestación y de no manifestación, es decir tanto al Ser como al No Ser. Guénon lo explica de la siguiente manera:

> No obstante, si se preguntara por qué no toda posibilidad debe manifestarse, es decir, por qué hay a la vez posibilidades de manifestación y posibilidades de no manifestación, bastaría responder que, al estar limitado el dominio de la manifestación por el hecho mismo de ser un conjunto de mundos o de estados condicionados (por lo demás en multitud indefinida), no podría agotar la Posibilidad universal en su totalidad; [la manifestación] excluye de sí todo lo incondicionado, es decir, precisamente lo que metafísicamente es más importante». (*Los Estados múltiples del ser*, cap. III)

Y es más importante porque las posibilidades de no manifestación representan la realidad permanente y *principial* de todo ser manifestado (de ahí que el No Ser sea un «punto presente en todo lo que es»), en donde residen sus estados propiamente metafísicos, que pueden ser conocidos pues pertenecen a la Posibilidad universal, razón por la cual no existen cosas que sean incognoscibles o ininteligibles (lo cual estaría negando a la Posibilidad total, y por tanto a la propia realización metafísica), sino únicamente cosas que son incomprensibles o inconcebibles, pero no en sí mismas y de manera absoluta, sino solo mientras estemos condicionados y «limitados en nuestra manifestación actual a los condicionamientos propios de las posibilidades de un estado determinado.»[24]

En efecto, mientras estemos condicionados por la individualidad, signada por el espacio y el tiempo (que son dos posibilidades de manifestación),[25] el Infinito se nos aparecerá «autolimitándose» a sí mismo, puesto

---

[24] *Los Estados múltiples del ser* cap. XVI. Asimismo, lo que se denomina un «misterio» o un «secreto» desde el punto de vista iniciático tampoco es algo incognoscible sino inexpresable o incomunicable.

[25] Ya que mencionamos nuevamente al espacio y al tiempo, diremos que dentro de la posibilidad espacial están comprendidas todas las posibilidades que pueden manifes-

que él es el fundamento necesario para que toda existencia sea posible, lo que no quiere decir que deje de ser el Infinito, ni esté limitado en modo alguno, sino que Él aparece, simultánea e íntegramente, en cada ser o cosa manifestada, otorgándoles su verdadera identidad, que *no es en esencia distinta* de la suya, sin que el Infinito se «convierta» por ello en algo finito.[26]

> No preguntéis si el Principio está en esto o en aquello; Él está en todos los seres. Por eso es por lo que se le dan los epítetos de grande, de supremo, de entero, de universal, de total… El que ha hecho que los seres fuesen seres, no está Él mismo sometido a las mismas leyes que los seres. El que ha hecho que todos los seres fuesen limitados, es Él mismo ilimitado, infinito… En lo que concierne a la manifestación, el Principio produce la sucesión de estas fases, pero no es esta sucesión (ni está implicado en esta sucesión). Él es el autor de las causas y de los efectos (la causa primera), pero no es las causas y los efectos (particulares y manifestados). Él es el autor de las condensaciones y de las disipaciones (nacimientos y muertes, cambios de estados), pero no es Él mismo condensación o disipación. Todo procede de Él, y se modifica por y bajo su influencia. Él está en todos los seres, por una *terminación de norma* [las cursivas son nuestras]; pero Él no es idéntico a los seres, puesto que no es ni diferenciado, ni limitado. (*Tchoang-tseu*, XXII, citado en *El Hombre y su devenir según el Vedanta*, cap. X)

Aquí debemos recordar nuevamente que el Infinito es idéntico al *Brahma* Supremo, que es *nirguna*, o sea «no cualificado» por ningún atributo, y en este sentido no es afectado por nada y tampoco, como dice el texto taoísta de arriba, es la causa y el efecto de nada, pero sin embargo en él está el principio de la existencia y de la no existencia, o sea de las posibilidades de manifestación y de no manifestación, pues si no fuera así no sería el Todo, que es una manera de referirse al Infinito y al cual nos acer-

---

tarse en el espacio, como dentro de la posibilidad temporal están comprendidas aquellas otras posibilidades que pueden manifestarse en el tiempo, todas las cuales son indefinidas y estarán signadas por la forma corporal y sutil, la que definirá el mundo donde dichas posibilidades se realizan, constituyendo uno de los mundos un grado de la Existencia universal, en este caso el estado individual. Pero dentro de la misma Existencia universal hay otros modos de manifestación donde las condiciones de espacio y tiempo están excluidas pues se tratan de aquellos cuyas posibilidades son de orden supraindividual, o sea los estados «informales», caso de los angélicos como ya dijimos.

[26] Guénon habla a este respecto de las «envolturas» de las que se reviste *Âtmâ* al penetrar en la manifestación, siendo las cuatro últimas las que caracterizan la forma sutil y la forma corporal de la individualidad humana, es decir el estado de *jivâtma*. (*El Hombre y su devenir según el Vedanta*, cap. XIV).

can también aquellos términos que nos permiten ir concibiéndolo en nuestra conciencia, pero sin entrar en contradicción con su infinitud. Hablamos de la Omnisciencia, la Omnipresencia, la Omnipotencia, la Bondad, la Luz, el Amor, la Sabiduría, el Ordenador Supremo... Siendo idéntica al Infinito, la Posibilidad universal es por tanto Ilimitada, y «querer concebirla de otra manera es, en realidad, condenarse a no concebirla en absoluto» (*Los Estados múltiples del ser*, cap. II). Es justamente ese carácter ilimitado e infinito de la Posibilidad universal, uno de los motivos de por qué, metafísicamente hablando, no pueden existir dos posibilidades idénticas en el universo, lo que imposibilitaría también que pudieran existir dos seres absolutamente idénticos, o que un ser pudiera manifestarse dos veces en el mismo estado, lo cual, por otro lado, echa por tierra todas las teorías «reencarnacionistas». Por otro lado, hay en el universo modos de existencia múltiples y cada posibilidad de manifestación nace en aquel estado que concuerda con su naturaleza específica, lo que excluiría también «la lucha por la existencia» propia de las teorías evolucionistas, fundamentalmente antimetafísicas.[27]

Otra cuestión importante que Guénon destaca es la de considerar a la Posibilidad universal como un «aspecto» del Infinito, lo cual no significa que sea distinta de él. Lo que quiere decir con esto es que la Posibilidad es el Infinito mismo pero contemplado bajo un determinado aspecto o punto de vista, en la «medida en que nos esté permitido afirmar que hay aspectos en el Infinito». Por eso hablar del Infinito y la Posibilidad es establecer entre ellos una distinción, que no existe, sino que simplemente

> «el Infinito es entonces contemplado más específicamente bajo su aspecto activo, mientras que la Posibilidad es su aspecto pasivo; pero, ya sea contemplado por nosotros como activo o como pasivo, es siempre el Infinito, que no puede ser afectado por estos puntos de vista contingentes, y las determinaciones, cualquiera que sea el principio por el que se las efectúa, no existen más que en relación a nuestra concepción». (*Ibíd.*)

En efecto, el Infinito, considerado en sí mismo, no tiene aspectos pues entonces tendríamos ahí una distinción dentro de él que sería forzosamente una limitación. Es en relación a nosotros que esos aspectos (activo y pasivo, que se corresponderían más bien con lo cosmológico) tienen un

---

[27] Sobre esto último recomendamos el cap. XIII de *La Gran Tríada*, titulado «El ser y el medio».

sentido para ir formándonos una imagen o un concepto comprensible que nos ayude a entender lo que en realidad es inconcebible en términos del pensamiento humano, para que, una vez la verdadera naturaleza del Infinito se nos muestre a la conciencia sin interferencia psicológica alguna, podamos suprimir cualquier elemento intermediario, que si bien nos ha sido útil hasta un punto (como concepto o como imagen simbólica), se convertiría finalmente en un estorbo que nos impediría reconocer la Unidad absoluta y sin partes del Principio Supremo. He aquí lo que dice la *Kena Upanishad* comentada entre paréntesis por Guénon:

> Si piensas que conoces bien (a *Brahma*), lo que tú conoces de Su naturaleza es en realidad muy poco; por esta razón, *Brahma* debe ser considerado aún más atentamente por ti. (La respuesta es ésta:) yo no pienso que Le conozco; con eso quiero decir que no Le conozco bien (de una manera distinta, como conocería un objeto susceptible de ser descrito o definido); y sin embargo Le conozco (según la enseñanza que he recibido concerniente a Su naturaleza). Quienquiera de entre nosotros que comprenda estas palabras (en su verdadera significación): «yo no Le conozco, y sin embargo Le conozco», ese Le conoce en verdad.[28] Para el que piensa que *Brahma* es no comprendido (por una facultad cualquiera) *Brahma* es comprendido (ya que, por el Conocimiento de *Brahma*, ese ha devenido real y efectivamente idéntico a *Brahma* mismo); pero el que piensa que *Brahma* es comprendido (por alguna facultad sensible o mental) no Le conoce. *Brahma* (en Sí mismo, en Su incomunicable esencia) es desconocido para aquellos que Le conocen (a la manera de un objeto cualquiera de conocimiento, ya sea un ser particular o el Ser Universal), y es conocido para aquellos que no le conocen (como «esto» o «aquello»). (*El Hombre y su devenir según el Vedanta*, cap. XV)

LA POSIBILIDAD UNIVERSAL COMO EL ASPECTO MATERNAL DEL INFINITO

El término «Posibilidad», como el «Todo universal», son conceptos comprensibles para nosotros, y lo son más todavía cuando, en el caso de la Posibilidad, puede ser contemplada bajo un aspecto «maternal», que es

---

[28] El sentido de estas palabras recuerdan mucho la doctrina de la «docta ignorancia» como la expresión más alta del Conocimiento expuesta por Nicolás de Cusa.

precisamente como lo contempla Guénon cuando identifica a la Posibili-dad con la *Shakti* de *Brahma*, es decir del Infinito, comparándola con *Mâyâ*, pero observada en su sentido más elevado, porque si se la «distin-gue» de *Brahma* para considerarla «separativamente», ella no es otra que la «Gran Ilusión», o sea *Mâyâ* en su sentido inferior y cósmico, que no es otra que *Prakriti*, el principio substancial de la creación cósmica. Con res-pecto a estas dos *Mâyâs*, la superior y la inferior (que son el resultado de nuestra «distinción» no lo olvidemos), he aquí lo que dice Guénon en el cap. X de *Estudios sobre el Hinduismo*:

> *Mâyâ* es el 'poder' maternal (*Shakti*) por el que actúa el 'Entendimiento divino'; más exactamente es *Kriyâ-Shakti*, es decir, la "Actividad divina" (*Ichchâ-Shakti*). Como tal, es inherente al propio *Brahma* o al Principio supremo; se sitúa pues a un nivel incomparablemente superior al de *Prakriti* y, si también esta es llamada *Mâyâ*, especialmente en el *Sânkhya*, se debe a que no es en realidad sino el reflejo de esa *Shakti* en el orden 'cosmológico'.[29]

En tanto que la Posibilidad universal contiene todas las posibilidades de manifestación ella es la *Mâyâ* o la *Shakti* de *Brahma*, o lo que es lo mismo, su «omnipotencia», que es el propio Infinito en la medida que lo consideramos como la Posibilidad universal, de una manera completa-mente semejante a lo que en el Árbol de la Vida cabalístico representa *Kether*, la primera *sefirah*, considerada como la «vestidura» de *En Soph* (el Infinito), que se «reviste» del Ser para actualizar las posibilidades de manifestación contenidas en él, como Principio que es de todas ellas. En

---

[29] En el mismo capítulo sobre «*Mâyâ*», y a propósito de la «ilusión», Guénon afirma que esta puede ser entendida en dos sentidos distintos, bien como la falsa apariencia que las cosas adquieren con relación a nosotros, bien como una menor realidad de las cosas mismas con relación al Principio. Pero, en uno y otro caso, implica necesariamente un fundamento real, y, en consecuencia, nunca podría ser bajo ningún concepto asimilado a una pura nada. Así pues, y siguiendo a Guénon, la «ilusión», metafísicamente ha-blando, ha de considerarse en el sentido de tomar por realidad lo que en verdad es un reflejo de ella, por ejemplo una imagen reflejada en un espejo, que saca toda su realidad del objeto, sin el cual ella, la imagen, no tendría ninguna existencia. Lo mismo sucede con el ser que, en su ignorancia (*avidya*), se «separa» de su Principio increado (*Âtmâ*) confundiéndolo con su «alma viviente» individual (*jîvâtmâ*), cuando en verdad solo existe *Âtmâ*, del que esa individualidad es una «participación refleja» en uno de los es-tados múltiples de la Vida universal. En este sentido, para esa individualidad, las posi-bilidades de ser una con su Principio quedan en una potencialidad hasta que esa «ilu-sión separativa» no se desvanezca gracias a la luz del Conocimiento.

efecto, como «aspecto maternal» de *Brahma*, la Posibilidad universal da «a luz» al Ser,[30] el principio de la manifestación, quien se polariza en «Esencia y «Substancia» (*Purusha* y *Prakriti*), cuya interacción mutua (como el *yang* y el *yin*) genera el conjunto entero de la Existencia universal.[31] En este sentido, señala Guénon muy oportunamente, que al estar *Purusha* y *Prakriti* unificados en el Ser están por ello mismo comprendidos ya

> «en el Supremo *Brahma*, a partir de lo cual, si se nos permite la expresión, constituyen dos aspectos complementarios del Principio, que no son por lo demás dos aspectos sino en relación a nuestra concepción: en tanto que Él [el Principio] Se modifica [por la «actividad» de su *Mâyâ* o *Shakti*], es el aspecto análogo de *Prakriti*; pero mientras no se modifica es el aspecto análogo de Purusha; y se destacará que este último responde más profunda y adecuadamente que el otro a la realidad suprema en su inmutabilidad».[32]

Dicho de otra manera: el Supremo *Brahma* (y en la medida en que, según nuestra concepción, nos aparece como «modificado» por su *Mâyâ*) se hace finito a través de *Prakriti*, pero sin perder por ello su esencia inmutable (idéntica a *Purusha*). Por eso *Purusha* es a veces denominado *Paramâtmâ*, literalmente el «Supremo Sí mismo»). Él es indivisible y eternamente inmutable, conservando su Suprema Identidad, o No-Dualidad, a través de las indefinidas modificaciones a las que se ven abocados los seres una vez que se manifiestan gracias a la «cópula» perenne de *Purusha* y *Prakriti*. Leemos en los *Brahma-Sutras*, comentados igualmente entre paréntesis por Guénon:

---

[30] «*Krishna* dijo: 'Aunque sin nacimiento (...) nazco de mi propia *Mâyâ*.'" (*Bhagavad-Gîtâ*, IV).

[31] Utilizando la simbólica de la Cábala, si el Ser es *Kether* (la primera *sefirah*, en sí misma inmanifestada y «neutra» por constituir el principio de la manifestación) *Purusha* y *Prakriti* serían análogos a *Hokhmah* (el Padre) y a *Binah* (la Madre), la segunda y la tercera *sefirah* del Árbol de la Vida, respectivamente.

[32] *El Hombre y sus devenir según el Vedanta*, cap. X. Fijémonos que Guénon utiliza el término «análogo», no «idéntico», para hablar de las relaciones de *Brahma* Supremo con *Prakriti* y *Purusha*. Por otro lado, no hay que olvidar que pese a esa «modificación» que lo haría análogo a *Prakriti*, el Infinito permanece inalterable en su Esencia. En su libro *Hinduismo y Budismo* Ananda K. Coomaraswamy señala lo siguiente a este respecto: «Dios (el Infinito) es una esencia sin dualidad (*advaita*) o, como algunos sostienen, sin dualidad pero no sin relaciones. Solo debe aprehendérselo como Esencia (*asti*), pero su esencia existe con una doble naturaleza: como ser y como devenir». Esa doble naturaleza se relaciona con *Purusha* y *Prakriti*, respectivamente.

Que *Brahma* sea indivisible y sin partes (como lo es), no es una objeción (a esta concepción de la multiplicidad universal en Su unidad, o más bien en Su «no-dualidad»); no es Su totalidad (eternamente inmutable) lo que se modifica en las apariencias del Mundo (ni ninguna de Sus partes, puesto que no las tiene, sino que es Él mismo considerado bajo el aspecto especial de la distinción o de la diferenciación, es decir, como [*Brahma*] *saguna*; y, si Él puede ser considerado así, es porque conlleva en Sí mismo todas las posibilidades, sin que éstas sean en modo alguno partes de Sí mismo)» (...) «Un efecto no es otro (en esencia) que su causa (aunque la causa, por el contrario, sea más que el efecto); *Brahma* es uno (en tanto que Ser) y sin dualidad (en tanto que Principio Supremo); el Sí mismo no está separado (por limitaciones cualesquiera) de sus modificaciones (tanto formales como informales); Él es *Âtmâ* (en todos sus estados posibles), y *Âtmâ* (en sí mismo, en el estado incondicionado) es Él (y no otro que Él)».[33]

Por otro lado, lo dicho anteriormente de *Kether* como la «vestidura» del Infinito, se puede decir igualmente sobre el «velo» de *Mâyâ*, que es también un tapiz o una cortina sobre la que se tejen los mundos como urdimbre y trama, términos que se refieren al entrecruzamiento del eje vertical (inmutable) y del eje horizontal (mutable, pues se refiere a los indefinidos estados del ser jerárquicamente dispuesto en torno al eje vertical), análogos, respectivamente, al *yang* y al *yin*, o a *Purusha* y *Prakriti*, reflejos cosmológicos de *Brahma* y su *Shakti*, o del Infinito y la Posibilidad universal.

El «velo», el «vestido», el «tapiz» o la «cortina» con la que *Mâyâ* aparenta «envolver» al Infinito es, en suma, el despliegue de la manifestación,[34] concebida también como un «juego» (*Lîla*) o una «danza» (la danza de *Shiva*), por medio de la cual los seres son lanzados al torrente de la Vida cósmica como expresión de la omnipotencia inagotable de la Posibilidad universal, donde el Infinito «libre y deliberadamente se abandona a sí mismo identificándose con cada punto de vista finito.» (Alan Watts, *La Suprema Identidad*, cap. II). Entiéndase bien que esa «identificación» del Infinito con lo finito, o del *Âtmâ* con el ser manifestado (caso del ser humano), es lo que permite que dicho ser pueda existir, pero sin que el Infi-

---

[33] *El Hombre y su devenir según el Vedanta,* cap. X. Guénon señala a continuación en nota a pie de página que la identificación del Principio Supremo con *Âtmâ* «es la fórmula misma de la 'Identidad Suprema', bajo la forma más clara que sea posible darle».
[34] «Envuelto de luz, como de un manto, despliegas los cielos, como una cortina», leemos en *Salmos* 104: 2.

nito se «implique» en las circunstancias que rodean su existencia particular. Para ilustrar esto con una imagen podríamos decir, con los *Brahma-Sutras*, que cada ser es una porción de *Âtmâ*, del Sí mismo (que no es distinto del Infinito), como una chispa lo es del fuego, cuya naturaleza está toda entera en cada chispa. Igualmente, las siguientes palabras de Shankaracharya se centran en la misma idea desde el punto de vista del Sí mismo considerado como un pintor:

> En el vasto lienzo del Sí mismo, el Sí mismo pinta la pintura de los múltiples mundos, y el Sí mismo Supremo tiene una gran delectación en la presenciación de ello.[35]

La palabra «presenciación» es una mezcla de 'presencia' y 'percepción'. De esta manera el Sí mismo se deleita en la contemplación de su presencia y percepción en los mundos y los seres que Él mismo ha pintado en el lienzo de su propia *Mâyâ*. De esta manera sintética resume Guénon lo que se ha dicho acerca del «velo de *Mâyâ*», que es

> «ante todo la 'tela' con la que está confeccionado el entramado de la manifestación (...) y, aunque generalmente pueda pasar inadvertido, este significado está indicado muy claramente en ciertas representaciones en las que, sobre el velo, se representan una diversidad de seres pertenecientes al mundo manifestado. Así pues, sólo secundariamente aparece este velo ocultando o envolviendo de algún modo al Principio, y ello se justifica porque el despliegue de la manifestación oculta, en efecto, el Principio a nuestros ojos; este punto de vista, que es el de los seres manifestados, es inverso del punto de vista principial, pues hace aparecer la manifestación como 'exterior' con relación al Principio, cuando, en realidad, no puede ser sino 'interior' a él, ya que nada podría existir de ninguna forma fuera del Principio que, precisamente por ser infinito, contiene necesariamente todas las cosas en él. (*Estudios sobre el Hinduismo*, cap. X)

Lo que dice Guénon sobre ese velo que oculta al Principio coincide precisamente con esas representaciones donde aparece la Sabiduría, *Sophia*, cubierta por un velo. Pensamos, por ejemplo, en lo que se dice en un pasaje del *Zohar* acerca de aquel buscador del Conocimiento ante el cual la Sabiduría le «descubre» una parte de su rostro velado, provocándole to-

---

[35] *Svâtmanirupana*, 95. Ver Ananda Coomaraswamy: *Sobre la Traducción*, cap. I. Ignitu, 2007.

davía un mayor deseo de poseerla. Estamos ante una representación de la Sabiduría no ya en el sentido de *Mâyâ* como «producción de los seres» (es decir como *Prakriti*), sino como la Sabiduría identificada con el sentido superior, y esto coincide con lo que afirma nuestro autor cuando señala que ella es la madre del *Avatâra* en tanto que es el arquetipo del mismo, o sea el «*Avatâra* eterno», pero en tanto que *Prakriti* es el *Avatâra* histórico, nacido en el mundo del hombre.

> Además, *Mâyâ*, precisamente por ser el 'arte' divino que reside en el principio, se identifica también con la 'Sabiduría', *Sophia*, entendida exactamente en el mismo sentido que en la tradición judeo-cristiana; y, como tal, es la madre del *Avatâra*: lo es, en primer lugar, en cuanto a su generación eterna, en tanto que *Shakti* del Principio, que es una con el Principio mismo del que no es sino el aspecto 'maternal'; y lo es también, en cuanto a su nacimiento en el mundo manifestado, en tanto que *Prakriti*, lo que pone de manifiesto todavía con mayor claridad la relación existente entre estos dos aspectos, superior e inferior, de *Mâyâ*.[36] (*Ibíd.*)

Así, *Mâyâ,* es el «arte» del Infinito, del Sí mismo, y a través del cual la Sabiduría, como dice Salomón, solo se revela «a quien la ama», que es una forma de denominar la «unión» con el Principio, que ya no aparecerá como «exterior» al ser manifestado, pues como dice *Tchoang-tseu* (cap. XIX): «Este ser ya no entra en conflicto con ningún ser, ya que está establecido en el Infinito, borrado en el Infinito», permitiéndole así recrear las inagotables posibilidades de su realización metafísica.

> Pues hay en ella [en la Sabiduría] un espíritu inteligente, santo, único, múltiple, sutil, ágil, perspicaz, inmaculado, claro, impasible, amante del bien, agudo, / incoercible, bienhechor, amigo del hombre, firme, seguro,

---

[36] Por nuestra parte añadiríamos que las Grandes Madres y Vírgenes primordiales que aparecen sosteniendo a su «hijo» (el Ser) en su regazo, pueden ser consideradas bajo esos dos aspectos superior e inferior de *Mâyâ*. En lo que se refiere concretamente al Cristianismo dichos aspectos los podemos ver representados por la Virgen María, que en la medida que es la «madre» del Verbo Eterno (o sea de Cristo como *Emmanuel*, de «Dios en nosotros», idéntico a *El-Elyon*, el «Dios Altísimo»), encarna a la Sabiduría, y como «madre» del Cristo histórico, es decir de Jesús (el «hijo del carpintero»), está asociada con *Prakriti*. Acerca del «carpintero» es interesante señalar que la palabra «madera» está asociada con la *hylé* griega, es decir con la «materia prima», que es lo que representa *Prakriti* como principio substancial del Cosmos. Sobre esto último ver también otro libro de Guénon: *Estudios sobre la Franc-Masonería y el Compañerazgo*, T. II, capítulo I: «Masones y Carpinteros».

sereno, que todo lo puede, todo lo observa, penetra todos los espíritus, los inteligentes, los puros, los más sutiles. / Porque a todo movimiento supera en movilidad la Sabiduría, todo lo atraviesa y penetra en virtud de su pureza. / Es un hálito del poder de Dios, una emanación pura de la gloria del Omnipotente, por lo que nada manchado llega a alcanzarla. / Es un reflejo de la luz eterna, un espejo sin mancha de la actividad de Dios, una imagen de su bondad. / Aun siendo sola, lo puede todo; sin salir de sí misma, renueva el universo; en todas las edades, entrando en las almas santas, forma en ellas amigos de Dios y profetas, / porque Dios no ama sino a quien vive con la Sabiduría. (*Sabiduría*, 7, 22-28)

Antonio de Diego González es Profesor de Historia de la Filosofía en la Universidad de Málaga. Doctor en Filosofía con una tesis doctoral titulada Identidades y modelos de pensamiento en África (Sevilla, 2016) que obtuvo Mención Internacional y Premio Extraordinario de Doctorado.

Sus intereses investigadores son variados e interdisciplinares, pero se vehiculan en torno a dos grandes ejes temáticos: antropología filosófica y filosofía de la religión. Una parte importante de su investigación se ha centrado en la historia de la filosofía islámica destacando el estudio de autores clásicos como Ibn ʿArabi y pensadores contemporáneos como Ahmad Tijani, Muhammad Iqbal o Ibrahim Niasse. Trabaja también sobre temas relacionados con la mística, el esoterismo occidental, y el psicoanálisis junguiano. Por último, y no menos importante, le interesan los modelos de pensamiento no-eurófono, en especial el pensamiento del subcontinente indio, y la filosofía comparada. Es miembro de la *Muhyddin Ibn Arabi Society Latina* (MIAS-Latina), de la *Sociedad de Filosofía Medieval* (SOFIME) y de la *European Society for the Study of Western Esotericism* (ESSWE).

Es autor de más de medio centenar de publicaciones especializadas entre las que destacan *Ley y Gnosis. Historia intelectual de la tariqa Tijaniyya* (Editorial Universidad de Granada, Granada, 2020) y *Populismo Islámico* (Almuzara, Córdoba, 2020). Recientemente acaba de publicar una nueva traducción del Corán al español (Almuzara, Córdoba, 2024).

TRAS LOS PASOS DEL KHIḌR

A PROPÓSITO DE RENÉ GUÉNON Y EL ISLAM

Antonio de Diego González

INTRODUCCIÓN:
UN ORIENTE EN OCCIDENTE

En *Oriente y Occidente* (1924) y *La Crisis del mundo moderno* (1927)[1] René Guénon advertía que nuestro tiempo se encontraba en el *Kali-Yuga* o edad sombría y de la consecuente profanación de la vida, un tiempo de ocaso. Esto sucedió —mediada por el tiempo *cronos*— a través de un humanismo antitradicional que asentó un individualismo y un antropocentrismo desmedido en el mundo moderno. Para Guénon occidente había olvidado la tradición, la metafísica y el intelecto puro, aquella faculta supraindividual que permitía la realización del ser humano y, por tanto, su liberación.[2] Aunque él nunca tuvo una excesiva vocación apocalíptica en su obra, más bien se nos presenta como un mero transmisor de algo más importante, más poderoso que su propio pensamiento.

---

[1] Ambas corresponden a los volúmenes I y II, respectivamente, de la edición española de las *Obras Completas* editada por Javier Alvarado en 2023. Todas las referencias de este texto corresponden a esta edición por ser la más completa, precisa y actualizada de cuantas hay en el mercado. Guénon, R. *Obras Completas*. 23 vols. Ed. Javier Alvarado. Madrid: Sanz y Torres-Ignitus, 2023.
[2] Guénon, *Obras Completas*, vol. II, pp. 83-91.

TRAS LOS PASOS DEL KHIḌR
A PROPÓSITO DE RENÉ GUÉNON Y EL ISLAM

A diferencia de otros pensadores de su tiempo, Guénon no fue solo un teórico. Tampoco —como explica Alvarado— fue ni un orientalista ni un investigador en ciencias de las religiones que pretendía inventariar hechos, ni siquiera un filósofo.[3] No fue su objetivo que su pensamiento transmutara en una ideología o una propuesta política, separándose fuertemente de la acción de muchos de sus contemporáneos. Guénon representa un eslabón más en la cadena de la tradición, aquella que el islam llama *silsila*, y un buscador de la Verdad con mayúsculas. Para él la tradición es una aquello que se transmite, más allá del binomio sagrado-profano, con un contenido trascedente que puede ser «vertical» —desde el cielo a la tierra— u «horizontal» —desde el maestro al aprendiz—.[4] Igualmente la tradición tiene un origen «suprahumano», es decir, no tiene un origen ni histórico ni cultural, sino que trasciende el tiempo y el espacio físico. Es a través de la tradición que se llega a la Verdad. Guénon orientó su vida a explorar los caminos para llegar a ella, a través de los maestros, de las iniciaciones y los rituales. Pero debería señalarse que nunca incurrió en el sincretismo o el eclecticismo, algo que él señalaría, por ejemplo, en la Teosofía de Madame Blavatsky a la que dedicaría un libro contundente y muy crítico en 1921.[5]

La posición de Guénon en la historia del pensamiento contemporáneo es compleja y desafiante, pero supo restituir un tipo de aproximación olvidada en occidente en los albores del siglo XVIII. Su propuesta viene a rebatir los conceptos de autor, de obra, de originalidad y de progreso, pilares básicos todos de la modernidad. La actitud de Guénon es la de dinamitar las claves del pensamiento moderno, al que él cree culpable de haber profanizado la verdad, y la ciencia[6] a los que acusa de haber herido de muerte a la cosmología, la metafísica y al símbolo. Lo que Guénon decía hace cien años es plenamente aplicable a la situación que vivimos ahora sumidos en la triple crisis del símbolo, del mito y del rito. Nuestras so-

---

[3] Alvarado, J. *René Guénon. Testigo de la tradición*. Madrid: Sanz y Torres-Ignitus, 2023, pp. 16-17.

[4] Véase el cap. V del libro *Apercepciones sobre la Iniciación* en Guénon, *Obras Completas*, vol. XXII, pp. 85-89.

[5] Este libro es *El Teosofismo. Historia de una pseudorreligión*. Cf. Guénon, *Obras Completas*, vol. V.

[6] Guénon, *Obras Completas*, vol. II, pp. 67-82.

ciedades viven una extrema tecnificación y un olvido de la naturaleza y de lo trascedente, una situación de ensimismamiento que ha conducido a un antropoceno egoísta y sin visión. Una situación que parece no tener salida y a la que numerosos pensadores, como Jung y el círculo de Éranos, se han acercado, pero para la que no parece haber más salidas que la propuesta por Guénon y los tradicionalistas.

Haciendo una analogía desde los términos guenonianos nuestra crisis se produjo al haber abandonado el conocimiento solar u oriental por un conocimiento crepuscular u occidental. Esto hay que pensarlo en clave simbólica y nunca geográfica, aún pueda coincidir. Guénon veía que las *formas tradicionales* relacionadas con la Unidad, en su sentido esotérico, se han desarrollado en espacios «solares» en los cuales el ser humano aprecia «la verdad del sol»: desiertos, espacios tropicales, el oriente donde se nace el sol, etc. Sin embargo, occidente está sumido en una oscuridad que individualiza y hace percibirse a sí mismo dentro de la oscuridad. El sol puede no estar por la propia naturaleza o ser despreciado artificialmente por el ser humano, como por ejemplo en la metáfora de la polución en la modernidad, haciendo, pero esto hace que el ser humano se olvide de desaparecer ante él perdiendo la orientación.[7] Es precisamente el trabajo del maestro de la tradición volver a resituar al iniciado hacia el oriente, simbólico o no, y buscar la luz. Ejemplos de esto lo encontramos en la masonería, en el hinduismo, en el taoísmo o en el islam. Todos ellos miran hacia el oriente y buscan, de una forma u otra, la metáfora solar. Pero el oriente de Guénon no era, ni es, el oriente de los orientalistas. No es ni material ni histórico, sino que es simbólico y metafísico.

Tampoco busca ser un lugar de evasión ni de ensueño, tan solo es una orientación para proseguir el camino. De él emerge el sol con su luz, con su grandeza y con las metáforas que carga. El sabio busca orientarse en él hacia una iluminación, hacia una realización. Solo hay que pensar como las *formas tradicionales* comprenden esto. En masonería al aprendiz, que proviene desde las tinieblas profanas, se le sitúa al norte del templo, en la

---

[7] El fragmento del que parto para elaborar esta reflexión está en *Apercepciones sobre el esoterismo islámico*, en concreto en el capítulo IV *Et-Tawhid* (1930) cf. Guénon, *Obras Completas*, vol. XVIII, pp. 38-39.

columna de septentrión, donde transita primero al mediodía en su etapa de compañero y, posteriormente, pasará al oriente como maestro y, más tarde, como venerable maestro. Por su parte, la azalá islámica se realiza orientado hacia La Meca, donde nace el sol, mientras que es este último el que en su viaje marca las horas sagradas de los musulmanes. El viaje iniciático concluye en oriente con la sabiduría.

Es cierto que Guénon siempre advirtió que occidente fue en el medievo un oriente, si bien él considera que lo contrario la imagen que todos tenemos de este periodo, se debe a la falsificación de la historiografía moderna.[8] Y es que, en términos guenonianos, el medievo europeo guardaba una relación muy especial con oriente en términos de doctrina metafísica y antropológica, el islam, el judaísmo y el cristianismo se entrelazaban en personajes como Ibn ʿArabī o Ramon Llull. No era ni un sincretismo, ni tres simpáticas culturas, sino el hecho de compartir unas vías tradicionales impregnadas de lo sagrado. Pero Guénon sabía que con el Renacimiento y, posteriormente, con la reforma protestante este espíritu fue asfixiado provocando un triunfo de lo antitradicional y un fuerte deseo de individualidad. Por ello, él consideraba que pocos espacios quedaban en occidente donde se pudieran encontrar aún enseñanza tradicional y sobre todo iniciaciones que llevaran a vías reales.

Cuando Guénon buscó un camino no solo buscaba la pureza, sino también el equilibrio, sin embargo, muchas de las doctrinas eran simbólicamente lejanas, inaccesibles o sus maestros se habían anonimizado y desaparecido para un buscador occidental. En este sentido y al no querer hacer solo historia, Guénon decidió buscar para su realización espiritual una vía cercana, simbólicamente accesible y con auténticos maestros conectados a la tradición y la encontró más cerca de donde él creía. Así que se puso a seguir los pasos en la arena de un hombre misterioso, el *Khiḍr*.

---

[8] Guénon, *Obras Completas*, vol. II, p. 36.

¿POR QUÉ EL ISLAM SE CONVIRTIÓ EN LA TRADICIÓN DE GUÉNON?

De todas las tradiciones que conocía, Guénon apreció en el islam una mayor capacidad de apelar al hombre contemporáneo. El islam escondía en sí la antigüedad mediterránea y, a la vez, la doble vía de una iniciación activa y la posibilidad de aprender de maestros tradicionales con legítima cadena iniciática. Su imaginario simbólico era bastante rico y permitía reconocer símbolos comunes, usar elementos heredados y una *forma tradicional* en la que era bastante reconocible la Verdad según se presentaba en la tradición perenne.

Guénon se percató de algo básico: el islam diluía al mínimo la dualidad sagrado-profano, el ser humano estaba imbricado en la creación y su práctica era el recuerdo (*dhikr*). No había, pues, espacio para una originalidad o creatividad, es más, la doctrina islámica explicaba, de forma explícita, que el Corán era la palabra de Allāh descendida. No era en ningún momento negociable la intervención humana. Este argumento no solo era muy poderoso, sino clave. En un planteamiento como el de Guénon, el hecho de tener una enseñanza «suprahumana» que se ha transmitido sin mácula hasta nuestros días era fascinante. La enseñanza del Corán era una auténtica «ciencia tradicional» auxiliada por otras tantas. Una vía ordinaria que hace participar al ser humano en un orden *principial*[9], que sitúa al profeta Muhammad como un auténtico eslabón de la tradición del que han ido aprendiendo cientos de generaciones, el garante de un saber metafísico que sigue vigente hoy en día.

Que sepamos —a través de su biógrafo Charconac— Guénon había sido iniciado por maestros legítimos en la masonería simbólica y sus altos grados, en el hinduismo y el taoísmo antes de tomar la *shahada,* es decir, de hacerse musulmán.[10] En la masonería sabemos que se inició en 1907 en París y participó activamente hasta 1917 cuando «entró en sueños». En el hinduismo, y más concretamente en el advaita-vedanta, fue iniciado por un maestro de quien se desconoce el nombre, pero que formaba parte de la tradición de Shankaracarya (788-820) en algún momento entre 1910-

---

[9] Guénon, *Obras Completas,* vol. XXII, p. 88.
[10] Véase Charconac, P. *La vida simple de René Guénon.* Barcelona: Ed. Obelisco, 1987.

1920. Y, por último, en el taoísmo fue Albert Puyou (*Matgoi*), quien había sido iniciado por en Vietnam por Tongsang Ngûyen te Duc-Luat. En estas tres vías comenzó su periplo descubriendo la importancia de la tradición, el permiso, la transmisión y el trabajo contra el ego. Pero, finalmente, fue en el islam donde encontró la acogida vital y la realización espiritual.

El islam era cercano, fácil de entrar para alguien que tenía una cultura simbólica judeocristiana, coherente en la creencia y su vía iniciática estaba activa. El contexto *islamicate* le había otorgado una plasticidad enorme y una comunicación intelectual muy fluida. Casi cualquier maestro vivo, de una forma u otra, se remontaba en su cadena de transmisión (*silsila*) —ya fuese en ciencias sagradas u enseñanza— hasta Muhammad. Y, además, por aquel tiempo, casi todo el islam tradicional estaba cargado de una fuerte realidad metafísica. Guénon encontró, precisamente, lo que él buscaba. A la simplicidad doctrinal se le contraponía la intensa posibilidad de hermenéutica y la vivacidad de sus símbolos. Así, entraría en contacto con el islam a través del pintor sueco Ivan Aguéli (1869-1917), que usaba el nombre islámico de *shaykh* Abdul-Hadī, quien fascinado con Ibn 'Arabī y tras ser iniciado en el sufismo de la *ṭarīqa Shadiliyya* fundó en 1910 la sociedad secreta *Al-Akbariyya* en homenaje al sabio murciano. Tras tomar la iniciación sufí, Guénon se reafirmará que en el islam no se puede separar el exoterismo y el esoterismo, sino que deben ir unidos.[11]

En el islam, como en otras *formas tradicionales*, el ritual y lo metapolítico es indiscernible de lo espiritual y del sendero hacia la trascendencia, pues no existe posibilidad alguna de individualizarse en la tradición. El creyente cumple con rigor la Sunna (tradición) profética y algunos tienen la suerte de saborear el sentido último. Esta élite, representada por la figura del *'arīf bi-llāh* (el conocedor de Allāh), es la que profundiza en el porqué de la obligación y de la tradición. Un proceso largo y difícil en el que el iniciado descubre la complejidad ontológica de la Realidad, de la misma manera que el Corán narra que Moisés lo hizo ante el *Khiḍr*.[12] La

---

[11] Guénon, *Obras Completas*, vol. XVIII, pp. 13-14,

[12] La narración se presenta como un diálogo entre el *Khiḍr* y Moisés, en él que este aprende otro sentido de la realidad: no sabemos que es en sí. Por ello, un profeta como Moisés tiene que volver a pensarlo todo para que encajen las contradicciones aparentes que se revelan en lógica con la realidad metafísica. Corán, 18: 60-82.

afinidad de Guénon con el islam venía precisamente de aquí, la llegada a la metafísica islámica siempre se hará desde la tradición y nunca desde la innovación o la ruptura con la tradición. Y, por último, la tan ansiada Verdad, *Al-Ḥaqq*, es uno de los nombre de Allah. Guénon solo tuvo que escuchar con atención para adaptarse a la vía islámica, la cual reconoció como suya sin el mínimo esfuerzo.

¿QUÉ ISLAM ELIGIÓ GUÉNON PARA SER MUSULMÁN?

Cuando se analiza la conversión de Guénon siempre se dice que optó por la vía sufismo que en árabe se conoce como *taṣawwuf*. Es cierto, pero técnicamente sería más idóneo decir que optó por el neo-sufismo o sufismo contemporáneo. Como neosufismo —un término que deviene de los trabajos de Fazlur Rahman[13]— comprendemos a toda la corriente sufí que desde el siglo XVII reformula y revive el islam desde el balance propuesto entre *sharía* (lo ritual, ley exotérica) y *ḥaqīqa* (la Realidad, ley esotérica). Esta corriente está representada por autores como al-Ghazali, Ibn 'Arabī o más recientemente Aḥmad Sirhindi, Shāh Walīullāh o Aḥmad Tijāni. Un movimiento clave para el islam moderno y contemporáneo es producto de las transculturaciones y de la enorme globalización del islam. Sorprende ver como Guénon sintetiza tan bien estas ideas en diversos trabajos como *El esoterismo islámico* (1947) o el *Sufismo* (1934). También formula una inteligente crítica a Sirdar Ali Shah o el texto contra el libro Goldziher titulado en *Revue de Philosophie* (1921)[14] desde una visión cercana a la que los islamólogos contemporáneos desde Fazlur Rahman y Marshall Hodgson mantienen. Si normalmente se acusa de subjetivo y poco científico a Guénon, su visión del islam es impecable puesto que trabaja desde la experiencia de campo y desde una hermenéutica sutil. Su análisis del sufismo es fresco y pone más atención en las estructuras simbólicas que en las lecturas sociológicas o históricas.

---

[13] Rahman, F. *Revival and Reform in Islam*. Ed. Ebrahim Moosa. Oxford: Oneworld, 2000.
[14] Todos estos textos conforman el volumen XVIII de las *Obras Completas* en español ya citado y titulado *Apercepciones sobre el esoterismo islámico*.

TRAS LOS PASOS DEL KHIDR
A PROPÓSITO DE RENÉ GUÉNON Y EL ISLAM

Lo que más llama la atención de Guénon es que se dé cuenta —como todos los autores neosufís— del necesario encaje entre la *sharía* y *haqīqa*, lo cual encaja con su construcción de un conocimiento tradicional, pues es la Sunna la que la articula. No puede ni debe haber ritual sin metafísica, no puede existir una realización sin un aparato simbólico suficiente para estimular a aquel que la busca. El sufismo es para Guénon una vía privilegiada que no se separa del islam, pero que es consciente de comprender todo el ritual y los símbolos asociados. No se trata de un porque sí, sino que pone en juego una comprensión de la *sharía* desde el conocimiento divino (*ma'rifa*) y una *baraka* (energía sutil) que ayudan a transmitir los maestros. La tradición en el sufismo —al menos en el que no es folklore— es clave porque es el nexo con el profeta Muhammad. Este equilibrio satisface plenamente Guénon y reconoce en la doctrina iniciática una *forma tradicional* que posee no solo principios metafísicos, sino también ciencias sagradas (ciencias de las letras, cosmología, alquimia, astrología, etc.) que ayudan a expresar esa *ma'rifa* o conocimiento divino.[15] Al fin y al cabo este sufismo es un espacio simbólico donde se trabaja sobre el ego (*nafs*), nunca contra él, y constituye una vía de búsqueda.

Por eso, el recuerdo (*dhikr*) es tan importante en el neosufismo. Recuerdo de los nombres de Allāh o los del profeta Muhammad, azalás sobre él, un cumplir recordando su Sunna ya sea en comunidad o individualmente. Este es el núcleo de la espiritualidad islámica: recordar la *fitra* (naturaleza primordial) adámica. También con este ejercicio, y con sus rigurosas condiciones, se domina el *nafs* (ego) para ponerlo al servicio del iniciado. Pero tiene que entenderse que el *dhikr* no puede ni debe quedar reducido un acto estético, poético o artístico, sino que se trata de una teúrgia de nombres divinos y proféticos que hacen que se presentifiquen aquí y ahora los seres espirituales gratificando al iniciado con nuevos estados espirituales o con manifestaciones hierofánicas. Y aun así no todo aquel que lo practica debe llamarse sufí.

Guénon propone la de guardar —tal y como hacen muchos maestros neosufís— celosamente el nombre «sufí» para los más íntimos de Allāh porque el camino es el islam. Es un secreto (*sirr*) y no se debe banalizar su

---

[15] Guénon, *Obras Completas*, XVIII, pp. 19-20.

uso. Así, nuestro autor prefiere no abusar de ella y comprender que no es solo una escuela más, sino la vinculación con la tradición iniciática, con la herencia profética y de un conocimiento verdadero.[16] El *taṣawwuf* es una vía que solo se vive a través de una compenetración entre lo ritual y lo metafísico, todo lo que no esté ahí no es *taṣawwuf*.[17] Por eso, aunque él cree que la iniciación no cambia jamás[18], si puede ser revitalizada o evocada como ocurre con los neosufís.

Nuestro autor reconoce en este sufismo reformado, a diferencia del primitivo o el folklórico, un camino de realización, de tradición y de equilibrio, donde la iniciación es prescriptiva y donde se sigue una vía ascendente hasta llegar a la «Identidad Suprema». La crítica por ejemplo a las versiones occidentalizadas, entonces en ciernes, como la que presenta Sirdar 'Ali Shāh —padre del famoso escritor Idries Shāh— o la simplificación académica de Goldziher. Del primero hace notar que ya no menciona el equilibrio entre *sharía* y *ḥaqīqa* hasta tal punto que el sufismo podría llegar a practicarse sin ser musulmán[19], lo cual para Guénon y para cualquier adepto de una *ṭarīqa* neosufí (*tijānis*, *qadiris* o *shadilis*) es impensable. Nuestro autor se posiciona cerca de los postulados de Sirhindi o de Tijāni cuando ambos advierten que a la *ma'rifa* solo se accede tras cumplir estrictamente todos los rituales cotidianos. El de 'Ali Shāh era un sufismo complaciente con la realidad colonial y sobre todo que buscaba conectar con la teosofía y el orientalismo de la época que deja entrever el advenimiento del *New Age*. Por su parte, de Goldziher Guénon critica el racionalismo y la idea de adecuar el islam a los patrones históricos de occidente obviando, a menudo la tradición y la multiplicidad del islam. El ejemplo que Guénon da de la importancia del islam en el subcontinente indio y el desconocimiento de los orientalistas y arabistas de su época es de una clarividencia absoluta.[20]

---

[16] Guénon, *Obras Completas*, XVIII, p. 30.
[17] Aḥmad Tijāni, fundador de la ṭarīqa Tijaniyya, decía algo similar a sus discípulos. Para él la Sunna (tradición) era imperativa y ello iba unido con el acceso al conocimiento divino. Fuera de la Sunna, y sus ciencias, no hay posibilidad de practicar ni el sufismo (*taṣawwuf*) ni el islam. Véase Ḥarazīm, A. *Jawāhir al Ma'āni*. Beirut: Dar Al-Kotob Al-Ilmiyya, 2007. p. 58-60.
[18] Guénon, *Obras Completas*, XXII, p. 81.
[19] Guénon, *Obras Completas*, XVIII, pp. 23-30.
[20] Guénon, *Obras Completas*, XVIII, p. 100.

TRAS LOS PASOS DEL KHIḌR
A PROPÓSITO DE RENÉ GUÉNON Y EL ISLAM

Su afiliación *shadilī* le aportó una visión cercana de lo que le podía aportar el sufismo como vía iniciática. La *Shadiliyya* es un ejemplo de *ṭarīqa* revitalizada por el neosufismo en el Magreb y en Asia. Guénon vio un ejemplo vivo de lo que él había observado en las diversas tradiciones y en concreto en el islam: el perfecto equilibrio entre *sharía* y *ḥaqīqa*. Además de la doctrina esotérica, adquirió una sólida base de conocimiento exotérico tradicional para situarse. Lo primero fue conocer a fondo la *sharía* que se traducía en la jurisprudencia (*fiqh*) de la escuela *malikī*, la de los musulmanes de Medina; y, tras ello, la orientación teológica (*'aqīda*) de la escuela *'asharī*. Por último, el camino esotérico era el *taṣawwuf* que provenía de maestros como Ibn 'Aṭā Allāh, Abū Madyam, Ibn 'Arabī o shayh al-'Alawī o *shaykh* 'Abd al-Raḥmān 'Ilaysh al-Kābir. Un marco iniciático en el que pudo profundizar en Egipto a partir de la década de los treinta del pasado siglo junto al *shaykh* Muṣṭafā 'Abd al-Razzāq.

Junto a ellos, ya fuese en transmisión textual o en vivencia de la práctica, Guénon pudo acercarse plenamente al camino del *Khiḍr*. El auténtico *taṣawwuf* transmitido desde los tiempos de Moisés, una vía iniciática de acceso a la trascendencia y donde el ser humano puede realizarse por encima de la razón, la lógica y la dualidad cultural y moral. Como en la experiencia del *Khiḍr*, el iniciado descubre las sucesivas capas de realidad — «cortezas» en lenguaje guenoniano— hasta llegar al núcleo[21], capas de realidad que se presentan como hierofanía (*tajally*) sin posibilidad de conocer jamás por completo la realidad divina (*ḥaqīqa*). Capas de realidad que como las palabras del *Khiḍr* son ininteligibles y contradictorias para el ser humano convencional que, poco a poco y por imitación de Muhammad, transmuta en el ser humano perfecto (*insān al-kāmil*). Y es que habiendo llegado al último peldaño hay que aniquilarse (*fanā'*) y aún permanecer (*baqā'*) en la presencia de Allāh para vivir lo que dice el Corán, y así escribe con contundencia Guénon:

> El centro aparece efectivamente como el punto más interior de todos, pero desde que uno ha llegado allí, ya no puede ser cuestión de exterior ni interior, desapareciendo entonces, resolviéndose en la unidad principal toda distinción contingente. Es por lo que Allāh, de igual modo que es el

---

[21] Guénon, *Obras Completas*, XVIII, p. 30.

TRAS LOS PASOS DEL KHIDR
A PROPÓSITO DE RENÉ GUÉNON Y EL ISLAM

Primero y el Último (*al-awwal wa al-akhir*), es también lo Exterior y lo Interior (*al-zahir wa al-batin*), puesto que nada de lo que podría quedar o ser fuera de Él, y en Él solo está contenida todo realidad porque Él es Él mismo la Realidad absoluta, la verdad total: *huwa al-Haqq* [Él, la Verdad].[22]

El camino del *Khidr* se desenvuelve entre paradojas, entre desafíos a la moral mundana —que no a la *sharía* que dimana del Corán y la Sunna profética—, al puritanismo y al racionalismo. Es un camino tradicional que desafía a la modernidad con gran viveza, es el desafío de un profeta que tiene la *ma'rifa* (conocimiento divino) y, en última instancia, cerca de sí percibe la *haqiqa* (la Realidad). Que un ser humano tome el *tasawwuf* no es un ejercicio estético ni ético, sino que implica un acto de una antropología metafísica que le ha de llevar ante la Verdad (*al-haqq*). El *Khidr* hace que Moisés se transforme para ir más allá, para alcanzar la realización. Él es uno de los pocos enviados que es capaz de preparar al ser humano en el *Kali-Yuga* porque no apela al tiempo ordinario y al Reino cantidad, porque rompe la vida cotidiana y hace consciente la paradoja que el ritual acentúa pero que se olvida en su ejecución. El *Khidr* representa ese grado iniciático en el que, aun detentándose la profecía, se reconoce la intimidad más pura con lo numinoso habitando más allá del centro. Los maestros de *tasawwuf* son sus herederos directos por la función iniciática que representan, como también lo son los musulmanes que abrazan la Sunna (tradición) con sus ritos y su intuiciones simbólicas diarias. Las aleyas que el Corán dedica al *Khidr*[23] son suficientes para saborear el profundo sentido del islam tradicional.

Guénon encontró en este sufismo revitalizado desde el ritual no solo la forma más accesible de entrada a la tradición viva —como ya se ha explicado—, sino que halló un camino coherente y sencillo para un occidental por su proximidad simbólica y esotérica. De hecho, se permite recordarnos en el texto en árabe *Influencia de la civilización islámica en occidente* (1950) que el islam es el eslabón para occidente entre este y la civilización griega clásica, pero también con otras tradiciones orientales.[24] El suyo es seguir el

---

[22] Guénon, *Obras Completas*, XVIII, p. 35. He adaptado y normalizado las transcripciones del texto.

[23] Corán, 18: 60-82.

[24] Guénon, *Obras Completas*, XVIII, p. 88.

camino sobre el que dejó las pisadas el *Khiḍr* y transitar hasta las tierras donde nace el Sol. El simbolismo de esta imagen resume la vida de Guénon.

Sin embargo, tras analizar todo lo anterior, en un monográfico como este, surge una pregunta necesaria: ¿y dónde queda la masonería en relación con la praxis islámica de Guénon?

ISLAM, SUFISMO Y MASONERÍA

Resulta pertinente contar que relación tuvo entre sufismo y masonería. Aunque Guénon ya estaba «en sueños» cuando tomó propiamente el camino sufí, es decir, nunca dejó de preocuparse por la masonería como camino simbólico y vía iniciática. El islam ya había tenido fructíferos contactos entre la masonería[25] generando un fértil espacio de colaboración simbólico más en los mundos anglosajones que en los dependientes de Francia. Guénon huye de aquellos ritos masónicos que secularizan la experiencia sacra —en su sentido más profundo— que debería vivir un masón y la convierten en un hecho social, lo mismo que aquel islam que se ha transformado en ideología y ha olvidado el camino iniciático. Cualquier camino exclusivamente moral, basada en una creencia, obstaculiza la comprensión de la verdad. El riesgo está en vez de construir el Templo acabar trabajando para erigir la Torre de Babel.[26]

Pero lo cierto nuestro autor, que no es un historicista, percibe que muchos símbolos y sentidos son análogos y reconocidos entre masones y musulmanes siguiendo el consejo de *shaykh* 'Ilaysh. Espacios comunes que el iniciado percibe sin esfuerzo, pero que sufren con la modernidad. La propia masonería moderna sufre de un exceso de alegorías y moralización; el islam, de forma análoga, le ocurre lo mismo con los movimientos modernistas que puritanizan la *sharía* y restringen el conocimiento esotérico. Ambas vías se reconocerán en la búsqueda de la palabra perdida a través del recuerdo y el sonido, al igual que en la ritualidad: es el rito el

---

[25] Véase De Diego González, A. «El mito de la masonería en el mundo islámico» en *Cultura Masónica*, nº 49, 2022, pp. 35-48. <https://www.masonica.es/libro/cultura-masonica-no-49_139860/>

[26] Guénon, *Obras Completas*, XIX, pp. 250-257.

que crea espacio y tiempo sagrado tan importante para la transformación, al igual que el silencio y la perseverancia. Como en el camino del *Khiḍr* la paradoja es importante, pues en masonería el iniciado comprende que la claridad bien peligroso es el dogma ya que en cada peldaño de la escalera de caracol parece emerger otra posible cara de la verdad. El problema de la multiplicidad y la unidad es clave, el reconocimiento que la multiplicidad converge en la verdad es resuelto de forma similares en el islam y en la masonería.

A partir de este planteamiento, podría mencionarse el libro *El simbolismo de la cruz*[27], el cual está dedicado al *shaykh* 'Abd al-Raḥmān 'Ilaysh al-Kābir, quien le dio la idea de este libro. La cruz, no exclusivamente como símbolo confesional cristiano, sirve a Guénon para conjugar, desde un tono masónico, los problemas de la geometría sagrada y el encuentro con la metafísica. Así, muchos elementos del problema del esoterismo occidental, de donde proviene la masonería, se conjugan con el islam. Por ejemplo, encontramos el capítulo *El simbolismo del tejido*[28] donde se relaciona la noción de trama, con la del *liber mundi* de los rosacruces y con el libro celeste de Ibn 'Arabī. O, unos capítulos posteriores, en el *Árbol y la Serpiente* donde Guénon examina los planos de existencia, el eje del mundo y el camino recto, con un bello comentario al primer capítulo del Corán, que tanto recordaría al nivel que exhibe el Primer Vigilante de una logia masónica. A él se le encomienda la tarea de romper el ciclo temporal aportando la autonomía para comprender que la multiplicidad no es más que una cara de la unidad. Dos ejemplos de un libro en el que tras una lectura profunda se percibe una profunda intersección entre islam y masonería.

Pero quizás el caso más paradigmático de diálogo entre sufismo y masonería surgió gracias al artículo titulado *Realización ascendente y descendente* (1939).[29] En él se planteaba el redescenso a la manifestación de aquellos que han llegado a una perfección en vida, pero que aún no han llegado a partir al más allá. No se trataría de un profeta, pues se habría finalizado esta posibilidad con Muhammad, pero si de un íntimo de Allāh

---

[27] Este libro corresponde al volumen VIII de las *Obras Completas*.
[28] Guénon, *Obras Completas*, VIII, pp. 104-109.
[29] Guénon, *Obras Completas*, XXIII, pp. 243-257.

(*walī*). En nota al pie[30] Guénon plantea una analogía con el grado 30° del REEA, el caballero *Kadosh*, que es el final iniciático en este rito masónico. Su lema es «*Nec plus ultra*» que nuestro autor cita. A partir de ahí tiene que redescender y servir a sus hermanos desde el final de su ciclo iniciático. El caballero *Kadosh* jura —según el ritual— proteger al débil y al inocente y combatir el fanatismo, la superstición, la tiranía y la injusticia.[31] Ante esta nota y tras la muerte de Guénon, uno de los intelectuales del círculo guenoniano más brillante y *shaykh* sufí Michel Vâlsan profundizó sobre este problema en una serie de cuatro textos publicados en 1953 en *Études Traditionnelles*.[32]

Valsân compara los mecanismos de la «realización descendente» —el volver al mundo cotidiano tras haber alcanzado un ciclo iniciático— descritos por Guénon frente al sufismo de Ibn 'Arabī y, posteriormente, los llamados últimos altos grados (del 31° al 33°) del Rito Escocés Antiguo y Aceptado (REAA), también llamado en el texto Escocismo. La enorme erudición sobre islam, masonería y símbolos que exhibe Vâlsan abre un vasto campo para la interpretación. De ese modo, Vâlsan recoge el testigo de Guénon en ver las posibilidades de una hermenéutica de la masonería junto a otras vías tradicionales, la cual el francés inició en su obra póstuma *Estudios sobre la Masonería y el compagnonnage* (1973)[33] y que se vio refrendada con dos libros fundamentales: *Consideraciones acerca de la iniciación* (1946) e *Iniciación y realización espiritual* (1952). En opinión de Vâlsan, los iniciados en la masonería, en suma, y sobre todo sus grados superiores podrían recibir los «pequeños misterios» como los reciben los *awliyā'* (íntimos de Allāh), pero no un «misterio mayor» como es la propia profecía o el estatus de *avatara* (encarnación terrestre) en las doctrinas hindúes. Sin embargo, los grados superiores tendrían cierto mandato de descender para transmitir o poner en práctica lo aprendido para mejora

---

[30] Guénon, *Obras Completas*, XXIII, p. 250.
[31] Cf. *Rituales de los Altos Grados del Rito Escocés Antiguo y Aceptado*. Ed. J.Ll. Domènech. Oviedo: Masónica, 2018, p. 437.
[32] Yo he editado y traducido al español los textos de Valsân para la revista *El Azufre Rojo*. Véase De Diego González, A. (ed). «LOS ÚLTIMOS GRADOS DEL ESCOCISMO Y LA REALIZACIÓN DESCENDENTE. Reflexiones Sobre El capítulo 45 De *Al-Futūḥāt al-Makkiyya* Y La masonería Escocista». *El Azufre Rojo*, n.º 11, 2023, doi:10.6018/azufre.589511.
[33] El libro se presenta como *Estudios sobre Masonería* y corresponde al volumen XIX.

de la humanidad desde esos «pequeños misterios». Es en la última parte, dónde Vâlsan realiza un análisis muy profundo de esta misión partiendo de la figura del Supremo Consejo del REAA —máximo órgano de gobierno de la institución— y de aspectos simbólicos del ritual de los altos grados del REAA. A lo largo del texto, Ibn 'Arabī actúa como un refrendo tradicional de las diversas prácticas que, tras el cierre del ciclo iniciático en el grado 30º, se realizan en el seno de la masonería Escocista. Curiosamente el texto de Valsân en homenaje a Guénon está incompleto, falta una cuarta parte que jamás llegó a publicarse.

Guénon tuvo cierta influencia «entre columnas» hacia el final de su vida en Egipto. Se trataba de restituir una forma tradicional de masonería inspirada tras sus debates con Marjorie Benenham sobre los *antients* (antiguos) de la masonería británica y la masonería operativa. El proyecto, construido en base a una restitución de masonería operativa, fue auspiciado por la Gran Logia de Francia bajo el nombre de «La gran Triada». Una revitalización que debería hacerse desde el encuentro de unos rituales escoceses purificados —como los de la logia *Tebah*— y la vía espiritual islámica, equilibrando la *sharía* y la *ḥaqīqa*, para hacer frente a la «degeneración» de los modernos.[34] Esto no es algo nuevo, sino que se lo había advertido el *shaykh* 'Ilaysh al-Kābir —como hace notar en una carta a Schuon de 1946—: «si los masones comprendieran bien sus símbolos, todos serían musulmanes».[35] El proyecto, del que solo fue consejero, se desvaneció poco después de su muerte ante los problemas de liderazgo que presentaba.

De nuevo como el *Khiḍr*, Guénon dejó interesantes cuestiones y paradojas, a lo largo de su obra, sobre el ritual y la realización que merecerían re-explorarse a la luz del mundo tradicional y, en concreto, del camino que propone el islam. El gran reto está en ver más allá del formalismo y comprender que la unidad subyace en el fondo. Guénon nunca quiso discípulos, pero nos enseñó a buscar en los mundos sin autor. Así la respuesta, y

---

[34] Puede consultarse más profundamente la correspondencia con Schuon y el desarrollo del proyecto en el texto Aymard, J. B. *«La naissance de la Loge « La Grande Triade » dans la correspondance de René Guénon à Frithjof Schuon»* en *Connaissance des Religions: René Guénon l'éveilleur*, 1886-1951. Dervy, 2002, pp. 17-35. Disponible en línea: <http://www.frithjof-schuon.com/GrandeTriade.htm>
[35] Aymard, 2002.

más en los tiempos del *Kali Yuga,* no se puede dar en los libros o en los trabajos académicos, sino a los pie de los maestros que como los auténticos sufís y los rosacruces nunca se vanagloriarán de serlo, pues tan solo cumplen con la función que la tradición les ha encomendado: ser un eslabón más de la cadena de un conocimiento hacia la realización espiritual.

BIBLIOGRAFÍA

El Corán. Edición al español a cargo de Antonio de Diego González. Córdoba: Almuzara, 2024.

Alvarado, J. *René Guénon. Testigo de la tradición.* Madrid: Sanz y Torres-Ignitus, 2023.

Aymard, J. B. *«La naissance de la Loge « La Grande Triade » dans la correspondance de René Guénon à Frithjof Schuon»* en *Connaissance des Religions: René Guénon l'éveilleur,* 1886-1951. Dervy, 2002, pp. 17-35.

Charconac, P. *La vida simple de René Guénon.* Barcelona: Ediciones Obelisco, 1987.

De Diego González, A. «El mito de la masonería en el mundo islámico» en *Cultura Masónica,* n° 49, 2022, pp. 35-48.

De Diego González, A. (ed). «LOS ÚLTIMOS GRADOS DEL ESCOCISMO Y LA REALIZACIÓN DESCENDENTE. Reflexiones Sobre El capítulo 45 De *Al-Futūḥāt al-Makkiyya* Y La masonería Escocista». *El Azufre Rojo,* n.° 11, 2023, doi:10.6018/azufre.589511.

Guénon, R. *Obras Completas.* 23 vols. Ed. Javier Alvarado. Madrid: Sanz y Torres-Ignitus, 2023.

Ḥarazīm, A. *Jawāhir al Ma'āni.* Beirut: Dar Al-Kotob Al-Ilmiyya, 2007.

Rahman, F. *Revival and Reform in Islam.* Ed. Ebrahim Moosa. Oxford: Oneworld, 2000.

Rituales de los Altos Grados del Rito Escocés Antiguo y Aceptado. Ed. J.Ll. Domènech. Oviedo: Masónica, 2018, p. 437.

ANTONIO DE DIEGO
GONZÁLEZ

Populismo
ISLÁMICO

CÓMO *se ha* SECUESTRADO
la ESPIRITUALIDAD MUSULMANA

«Por fin se diagnostica la expropiación de lo islámico y se
prepara la vacuna» Emilio González Ferrín, *islamólogo*

ALMUZARA

ANTONIO DE DIEGO
GONZÁLEZ

SUFISMO
NEGRO

Una breve historia del sufismo en África occidental

Mª Ángeles Díaz nació en Granada, aunque reside en Barcelona. Ha sido colaboradora de la revista *Symbolos* desde su fundación en 1991 y hasta el fallecimiento de Federico González, su fundador y director. En ella ha publicado numerosos artículos sobre Arte, Masonería y Hermetismo. Con Federico González también ha participado en otros proyectos, como *Introducción a la Ciencia Sagrada. Programa Agartha* y el Teatro de la Memoria. Asimismo, como miembro de la Gran Logia Operativa Latina y Americana, ha colaborado en los libros *Símbolo, Rito, Iniciación. La Cosmogonía Masónica*, de Siete Maestros Masones; también en el volumen *La Logia Viva, Simbolismo y Masonería* (id.), y *Hermes y Barcelona*. También es autora del libro *Viaje Mágico-Hermético a Andros. Una Aventura intelectual* (*Symbolos*, 2014). Desde hace algunos años investiga en las corrientes hermetistas del Renacimiento en torno a la Academia Platónica de Florencia dirigida por Marsilio Ficino, que publica en sus blogs «Desde mi Ventana» y «Arte, Símbolo y Mito en las Culturas del Mundo». Junto a Francisco Ariza dirige la Biblioteca Hermetica.com y en Youtube el Canal de Video-Arte Documental La Memoria de Calíope.

dmiventana.blogspot.com
angeladiazk.blogspot.com
www.bibliotecahermetica.com
www.youtube.com (La Memoria de Calíope)

ALGUNOS COLABORADORES DE RENÉ GUÉNON Y LA «ESCUELA TRADICIONALISTA»

Mª Ángeles Díaz

Desde que en 1928 comienza a publicar de forma regular en *Le Voile d'Isis* (llamada a partir de 1936 *Études Traditionnelles*), René Guénon tendrá la oportunidad de ampliar su círculo de influencia sobre el medio esotérico y hermético francés, en el que ya era conocido pues para entonces había publicado una parte importante de su obra.[1] Además, estas colaboraciones le permitirían tomar contacto con otros autores que, como él, participaban de un mismo interés hacia las ideas de la Tradición y la Ciencia Sagrada, aunque formuladas desde diferentes enfoques y perspectivas. A la par que iban publicándose los libros de Guénon en otras lenguas, *Études Traditionnelles* fue incorporando a sus páginas otras plumas procedentes de diversos países europeos, e incluso de América y de Oriente, como es el caso notable de Ananda K. Coomaraswamy, que junto a otros que iremos señalando, acabaría siendo uno de los colaboradores más estrechos de Guénon y con el que mantendría mayores vínculos intelectuales.

---

[1] Hablamos de *Introducción General al Estudio de las Doctrinas Hindúes; El Teosofismo, Historia de una Pseudo-religión; El Error Espirita; Oriente y Occidente; El Esoterismo de Dante; El Hombre y su Devenir según el Vedanta* y *El Rey del Mundo*. René Guénon también colaboró en la revista católica *Regnabit* desde 1925 a 1927, durante los cuales tuvo la oportunidad de escribir una serie de artículos sumamente importantes acerca de la tradición cristiana y su simbólica, casi todos ellos incorporados posteriormente en la recopilación póstuma llevada a cabo por Michel Vâlsan bajo el título de *Símbolos Fundamentales de la Ciencia Sagrada*. Guénon entró en *Regnabit* de la mano de Louis Charbonneau-Lassay (1871-1946), arqueólogo, historiador, simbolista, iconógrafo y heraldista cuya actividad intelectual y espiritual se enmarcaba dentro del hermetismo-cristiano. Guénon mantuvo con él una larga relación personal y epistolar hasta su muerte. A Charbonneau-Lassay se debe un importante y monumental *Bestiario de Cristo*. También colaboraría en *Études Traditionnelles*.

ALGUNOS COLABORADORES DE RENÉ GUÉNON
Y LA «ESCUELA TRADICIONALISTA»

La razón de ser de *Études Traditionnelles* (que junto a «Éditions Tradi-tionnelles» pertenecía a la familia Chacornac) consistía precisamente, y en concordancia con la propia obra guenoniana, en recuperar para Occidente aquellos principios espirituales y metafísicos que, debido al contexto his-tórico generado por el mundo moderno, habían entrado en franca deca-dencia desde hacía ya varios siglos, quedando reducidos a un estado la-tente y germinal, matiz este importante que nos indica que no todo estaba irremediablemente perdido, pues dichos principios aún podían «revivir-se» mediante una reforma a fondo de la mentalidad moderna, tarea in-gente, desde luego, pero no imposible, y a eso se dedicó enteramente nuestro autor desde el primer libro publicado. Y lo hizo entreverando la crítica al mundo moderno con la exposición de la doctrina metafísica y las distintas expresiones de la Cosmogonía Perenne, la Ciclología, la Historia y la Geografía sagradas, entrelazando y sintetizando las enseñanzas de las diferentes formas tradicionales emanadas de una fuente única y común: la Tradición Primordial. En las páginas de *Études Traditionnelles* siempre estuvieron presentes las diferentes culturas y tradiciones de Oriente y Oc-cidente, a través de un estudio en profundidad de cada una de ellas enfo-cado en sus gnosis y esoterismos respectivos, incluyendo también las di-versas formas del arte y la ciencia sagrada. A partir de un momento dado también los estudios en torno al simbolismo masónico formarían parte de las páginas de la revista. El propio Guénon escribió numerosos artículos que formaron parte posteriormente de algunos de sus libros, incluidas las diversas recopilaciones que se hicieron tras su paso al Oriente Eterno.

Por eso mismo, la atalaya que representaba *Études Traditionnelles* (jun-to a las ediciones de sus libros) le sirvió a Guénon, y a cuantos publicaban en dicha revista, para dar a conocer el pensamiento tradicional sin interfe-rencia alguna venida de otros ámbitos literarios desde donde las ideas que la revista representaba eran atacadas como una reacción a la «contra» del propio medio profano. Sin embargo, y pese a todas las dificultades, *Études Traditionnelles* acabaría siendo el «centro» de irradiación intelectual más importante de la época en el mundo occidental y una referencia axial para muchas personas interesadas en la búsqueda del Conocimiento.

En este artículo, en el que añadimos al final una Nota acerca de la lla-mada «Escuela Tradicionalista», vamos a nombrar tan solo a cuatro de los muchos colaboradores de *Études Traditionnelles* que tuvieron con Gué-non una relación personal o epistolar, o ambas a la vez. Sin embargo, no queremos dejar de nombrar a otros autores que solo por razones de los límites de espacio que nos hemos marcado dejamos fuera de nuestra con-tribución a este número de *Cultura Masónica* dedicado a la figura del gran metafísico francés. Nos referimos, por ejemplo, a Abdul-Hadi, René Allar, Andre Préau, Geticus (Vasile Lovinescu)[2], Paul Vulliaud, Jean Re-yor, Frans Vreede, Julius Evola, Luc Benoist, Titus Burckhardt, Gaston Georgel, Jean Dauphin (pesudónimo de Jean Tourniac), y un largo etc.

ANANDA KENTISH COOMARASWAMY (1877-1947)

Nacido en la isla de Ceylán, actual Sri Lanka, Ananda Coomaraswamy (de padre hindú y madre inglesa) fue responsable del Departamento del Islam y del Medio Oriente en el Museo de Bellas Artes de Boston (U.S.A.). Como hemos señalado anteriormente, fue uno de los más estrechos cola-boradores de René Guénon, y también mantuvo con él una intensa rela-ción epistolar donde trataron desde luego de todos los temas referentes a la doctrina tradicional, dejando entrever asimismo el afecto y respeto mu-tuo que ambos se tenían.[3] Coomaraswamy reconoció haber recibido de Guénon una influencia intelectual, hasta el punto de que, en cierta oca-sión, se refiere a él como un gurú, es decir como un maestro espiritual. En algunos aspectos, esa influencia es recíproca, como lo atestiguan las pala-bras del propio Guénon afirmando que las informaciones y los trabajos de Coomaraswamy sobre el budismo le dieron la oportunidad de conocer la vertiente Mahayana del mismo, la más netamente metafísica de las ense-ñanzas del Buda *Shâkyâ Muni*, ya que él solo tenía noticias del budismo

---

[2] El rumano Vasile Lovinescu, que firmaba sus estudios históricos sobre la Dacia hiper-bórea con el pseudónimo de Geticus, tuvo una relación epistolar muy intensa con Gué-non. En la época en que era dirigida por su fundador, Federico González, la Revista Symbols (en su Nº 17-18, año 1999) publicó esa correspondencia que Guénon le remitía desde El Cairo.

[3] Sobre la correspondencia entre Guénon y Coomaraswamy ver *Ibíd.* (Nº 23-24, año 2002.

ALGUNOS COLABORADORES DE RENÉ GUÉNON Y LA «ESCUELA TRADICIONALISTA»

Hinayana, al que pertenecen las ramas más heterodoxas del mismo, que son precisamente a las que Guénon atribuye ciertas desviaciones.[4]

Poseedor de una vasta cultura que abrazaba tanto Oriente como Occidente, Coomaraswamy supo ponerla al servicio de la difusión de la Tradición Primordial y Unánime a través de una extensa obra, de la que aquí incluimos un somero resumen. En efecto, su fina intuición y su amor hacia la Sabiduría, le llevó a relacionar la metafísica del Vedanta con la Filosofía de Platón y los neoplatónicos griegos y alejandrinos, e incluso los cristianos como Dionisio Areopagita, Scoto Erígena, el Maestro Eckhart, Nicolás de Cusa y los maestros del Renacimiento, y no tenía reparos en reconocer en el mundo moderno los pocos destellos que aún quedan en él de la *Prisca Theología*.

La obra de Coomaraswamy abarca no solo sus libros centrados en la metafísica y el conocimiento de las doctrinas orientales (*Hinduismo y Budismo, La Danza de Shiva, Buda y el Evangelio del Budismo*), sino también sus estudios en donde relaciona los mitos celtas presentes en la literatura del Rey Arturo con los mitos védicos alusivos a los *Devas* y los *Asuras*, temas que conforman *La Doctrina del Sacrificio*; o aquellos otros en torno al concepto tradicional del Arte (arquitectura, pintura, escultura, etc.) como vehículo de conocimiento a través de una labor pedagógica que abarca desde conferencias a programas de radio y artículos publicados en revistas anglosajonas especializadas, un material del que, una vez recopilado, saldrían obras tan importantes para la teoría del arte tradicional como *La Filosofía Cristiana y Oriental del Arte, Transformación de la Naturaleza en Arte* y *Figuras Retóricas o Figuras del Pensamiento*. Sus escritos y ensayos, enfocados desde los diversos campos de la Simbólica universal, llamaron la atención de Guénon, y en ocasiones le estimularon o bien le aportaron interesantes informaciones en la época en que estaba escribiendo con regularidad para *Études Traditionnelles* toda una serie de artículos en los que abordaba los grandes temas de la Cosmogonía Perenne, entre ellos: «Las armas simbólicas», «El corazón y la caverna», «La

---

[4] Esto lo dice Guénon en la segunda edición de su primer libro, *Introducción General al Estudio de las Doctrinas Hindúes*, concretamente en la primera nota a pie de página del capítulo «A propósito del budismo». Como sabemos el Mahayana es el «gran vehículo», y el Hinayana el «pequeño vehículo».

ALGUNOS COLABORADORES DE RENÉ GUÉNON
Y LA «ESCUELA TRADICIONALISTA»

caverna y el huevo del mundo», «El simbolismo de la cúpula», «La cúpula y la rueda», «La puerta estrecha», «La piedra angular», «Reunir lo disperso», «El árbol del mundo», «El árbol y el *vajra*», «El árbol de vida y el licor de inmortalidad», «El simbolismo de la escala», «El ojo de la aguja», «El paso de las aguas», etc.

Puesta su erudición al servicio de la enseñanza, Coomaraswamy hizo gala de sus amplios conocimientos de las tradiciones hindú, budista, griega, islámica y cristiana en un libro esencial donde toca un tema tan complejo pero imprescindible como *El Tiempo y la Eternidad*, el cual, siendo su último libro (fue publicado poco después de su muerte en 1947), corona de manera brillante todo lo que este sabio ha aportado de luz en las espesas tinieblas de este fin de ciclo. El propio Guénon hizo una reseña de dicha obra para *Études Traditionnelles*, de cuyas líneas extraemos lo siguiente:

> En esta obra póstuma, nuestro añorado colaborador (...) se ha aplicado, sobre todo, a mostrar el acuerdo unánime de las distintas doctrinas tradicionales en la cuestión de las relaciones entre el tiempo y la eternidad. (...) El tiempo, que abarca el pasado y el futuro, es en su conjunto absolutamente continuo, y solo puede ser dividido en partes en el plano lógico, no en la realidad; por esta continuidad que constituye la duración contrasta con la eternidad, que es, por el contrario, el «instante» atemporal y sin duración, el verdadero presente del que no es posible tener ninguna experiencia temporal. La eternidad se refleja o se expresa en el «ahora» que en todo tiempo separa y une a la vez el pasado y el futuro; e incluso este «ahora», en cuanto es realmente sin duración y, por consiguiente, invariable e inmutable a pesar de la ilusión de «movimiento» debido a una consciencia sometida a las condiciones de tiempo y de espacio, no se distingue verdaderamente de la eternidad misma, en la que el conjunto del tiempo está siempre presente en la totalidad de su extensión. La independencia esencial y absoluta de la eternidad con respecto al tiempo y a toda duración (...) resuelve inmediatamente todas las dificultades planteadas a propósito de la Providencia y la omnisciencia divinas: estas no se refieren al pasado y al futuro como tales, que sólo están en función del punto de vista contingente y relativo del ser condicionado por el tiempo, sino a una simultaneidad total, sin división ni sucesión de ningún tipo.

MICHEL VÂLSAN (1907-1974)

Diplomático de profesión, Michel Vâlsan emigró en 1936 a París desde su Rumanía natal, donde había recibido una enseñanza basada en el cristianismo ortodoxo. Sus inquietudes espirituales le llevaron a interesarse vivamente por la obra de René Guénon, con el que inicia una relación epistolar que le abriría las puertas de *Études Traditionnelles*. Por otro lado, debido a su interés por el esoterismo islámico, entra en contacto con la *tariqah* de Frithjof Schuon en Lausana (Suiza), recibiendo de este su iniciación al sufismo, e integrándose por tanto en la tradición islámica con el nombre de Mustafâ 'Abd al-Azîz. Pero la relación con Schuon se cortó en 1946 debido a una serie de desavenencias doctrinales que este mantuvo con Guénon, el cual también acabaría finalmente por romper todo vínculo personal e intelectual con el suizo.[5] Como consecuencia de ello, Vâlsan se independiza de la *tariqah* de Schuon y se adhiere a la *tariqah Alioua* para Francia, llegando a ser *moquaddem*, es decir representante. Al contrario que Schuon, Vâlsan tuvo siempre la amistad de Guénon, quien le confiaría la gestión de sus escritos en Francia y todas las cuestiones relacionadas con la publicación de sus obras. A él se debe, por ejemplo, y por indicación de Guénon, la recopilación póstuma de todos los artículos sobre la simbólica universal que el propio Guénon escribió para *Regnabit, Le Voile d'Isis* y *Études Traditionnelles*, y que llevó por título *Símbolos Fundamentales de la Ciencia Sagrada* (obra ya mencionada por nosotros en la nota 1), libro esencial que de alguna manera debe considerarse como una introducción no solo al simbolismo tradicional, sino también al pensamiento de Guénon y al conocimiento que él detentaba sobre las distintas expresiones y manifestación de una Sabiduría presente en todas las formas tradicionales, vivas y desaparecidas, ramas todas ellas de una Tradición Primordial, de la que, digámoslo sin más rodeos, Guénon fue el hermeneuta más cualificado de nuestro tiempo. La confianza que Guénon tenía depositada en él fue sin duda la razón de que, desaparecido ya éste,

---

[5] Así se desprende de una carta que Guénon escribió a un corresponsal suyo en 1948, en respuesta a lo que este decía respecto a que Schuon quería visitarlo en su casa de la capital egipcia, y la respuesta de Guénon a dicho corresponsal fue «si Schuon viene a El Cairo no le recibiré».

ALGUNOS COLABORADORES DE RENÉ GUÉNON
Y LA «ESCUELA TRADICIONALISTA»

Vâlsan acabara siendo editor en jefe de *Études Traditionnelles* de 1961 a 1970, y su director de 1970 hasta su fallecimiento en 1974. Tantos años al timón de la revista contribuyó a que *Études Traditionnelles* no variara substancialmente la línea marcada por Guénon, quien fuera su verdadero inspirador y guía.

Hombre de una gran capacidad intelectual, Vâlsan fue reconocido como uno de los especialistas occidentales más versados en el esoterismo islámico, teniendo siempre las obras de Guénon y de Ibn Arabi (las que consideraba complementarias) como referencias doctrinales necesarias para profundizar en esa metafísica y las jerarquías espirituales que suponen su realización efectiva. Con frecuencia, Vâlsan se dirige a Ibn Arabi con uno de sus apelativos: *Sheikh al-Akbar* («el más grande maestro»), escribiendo sobre él un artículo para *Études Traditionnelles* titulado »La investidura del Sheikh al-Akbar en el Centro Supremo», donde menciona que el alto grado espiritual alcanzado por Ibn Arabi lo puso en disposición de acceder a esa

> «región sutil cuyas designaciones recuerdan lo que las tradiciones del Asia Central dicen del *Agarttha*, el Reino oculto del Rey del Mundo, (...) cuyas particularidades (...) corresponden muy claramente a aquellas que René Guénon ha indicado para la personificación del *Manu* Primordial, y que la doctrina cristiana, por mencionar solo a ella, presenta bajo la figura del misterioso *Melki-Tsedeq*, 'que es sin padre, sin madre, sin genealogía, que no tiene ni comienzo ni fin de su vida, pero que es semejante al Hijo de Dios'». (*Epístola a los Hebreos*, VII, 1-3)

Y continúa Vâlsan:

> Se trata más precisamente de la función de este maestro en sus relaciones con el Centro de la Tradición Universal, no solamente con el centro particular del Islam histórico.[6]

Sin embargo, su interés centrado en el esoterismo islámico, no le impidió incursionar en otras vías tradicionales, como es el caso de la Masonería, publicando en 1953 un extenso e importante artículo dividido en tres

---

[6] Este artículo dedicado a Ibn Arabi, junto a los que publicaría sobre el sufismo y René Guénon para *Études Traditionnelles*, conformaría posteriormente su obra póstuma titulada *El Islam y la función de René Guénon*.

partes titulado: «Los últimos altos grados del Escocismo, o la realización descendente». Se trata de un tema que Vâlsan ya señaló en otro artículo dedicado nuevamente a Ibn Arabi, y que aquí toca poniéndolo en relación con los tres últimos altos grados del Rito Escocés Antiguo y Aceptado, una cuestión que ya trató René Guénon de manera breve en una nota a pie de página en el capítulo XXXII de *Iniciación y Realización Espiritual*, nota a la que alude precisamente Vâlsan y que está en el origen de este trabajo suyo, como el propio autor deja entrever. Reproducimos la nota de Guénon que sirve a Vâlsan para desarrollar su artículo.

> Todavía podría decirse que un ser así, cargado de todas las influencias espirituales inherentes a su estado trascendente, se convierte en el 'vehículo' por el cual estas influencias son dirigidas hacia nuestro mundo; este 'descenso' de las influencias espirituales está indicado muy explícitamente por el nombre de *Avalokitêshwara*, y es también uno de los significados principales y 'benéficos' del triángulo invertido. Añadamos que es precisamente con este significado que el triángulo invertido es tomado como símbolo de los más altos grados de la Masonería escocesa; en ésta, por otra parte, el grado 30º, considerado como *nec plus ultra*, debe lógicamente marcar por ello el término de la 'subida', de manera que los grados siguientes no pueden referirse propiamente sino a un 'redescenso', por el cual son aportados a toda la organización iniciática las influencias destinadas a 'vivificarla'; y los colores correspondientes, que son respectivamente el negro y el blanco, son todavía más significativos desde la misma perspectiva.

DENYS ROMAN (1901-1986)

Venido al mundo en el seno de una familia de la región del Loire, Denys Roman, a quien se le impuso al nacer el nombre de Marcel Maugy, recibió una enseñanza católica que no se hizo incompatible con su posterior carrera masónica, sino que, al igual que ocurrió con Jean Tourniac (si bien este aseguró que de tener que elegir entre la Masonería y la Iglesia Católica elegiría a esta última), vivió su «doble pertenencia» sin conflicto alguno, pues gracias a la enseñanza recibida de la obra de Guénon supo distinguir perfectamente entre el dominio religioso (exotérico) y el dominio iniciático (esotérico). Por otro lado, y según afirma André Bachelet en la introducción a su segunda y última obra publicada: *Reflexiones de un Cristiano sobre la Franc-Masonería*, parece ser que la elección del pseudónimo de Denys Roman (Dionisio Romano en castellano) está relacionada con el nombre del cristiano neoplatónico de origen sirio Dionisio el Aeropagita y la propia Roma, siendo esta una manera de «unir» Oriente con Occidente, sin dejar de lado otras consideraciones más personales.

Denys Roman fue quizás el autor masónico que mejor supo interpretar el pensamiento de René Guénon. Esto permite estudiar su obra con la garantía de que lo que en ella manifiesta está «madurado» bajo la influencia de ese pensamiento, que no es otro en realidad que el de la propia doctrina tradicional aplicada a los rituales, los símbolos e incluso a la historia de la Masonería, historia que tiene un componente legendario y mítico que debe ser abordado bajo la perspectiva del conocimiento simbólico para comprender su sentido iniciático. Precisamente, sobre el ritual, el simbolismo y la historia de la Masonería escribió D. Roman numerosos artículos para varias revistas y publicaciones a lo largo de 35 años (1950-1985), y entre las que sobresalen por su grado de colaboración en ellas: *Le Symbolisme, The Speculative Mason, Vers la Tradition, Renaissance Traditionnelle* y *Études Traditionnelles*. La reunión de este material conformaría finalmente dos volúmenes titulados: *René Guénon y los Destinos de la Masonería* (1982) y *Reflexiones de un Cristiano sobre la Francmasonería. El Arca Viviente de los Símbolos* (1995). También colaboró en un monográfico que *Cahier de l'Herne* dedicó a René Guénon en 1985, un año antes de que D. Roman pasara al Oriente Eterno.

Nuestro autor pertenece a una generación de masones franceses nacidos con el siglo XX, y que, como es el caso también de Jean Tourniac, Iván Cerf, Marius Lepage y tantos otros, comenzaron su carrera masónica estando Guénon todavía vivo, y en este sentido pudieron, en algunos casos, establecer con él una relación epistolar de la que se derivarían unas relaciones que no pudieron ser más que beneficiosas para la Orden masónica, en la que el propio Guénon fue iniciado hacia 1910 en la logia Thebah, de la Gran Logia de Francia. Aunque no tenía presencia desde 1912 en los trabajos de logia, Guénon seguía siendo evidentemente un Maestro Masón[7], en cuya obra el simbolismo de la Orden está presente por doquier, pues consideraba a la Masonería la única organización iniciática que existía (junto al Compagnonnage, aunque este solo en Francia) todavía en los países occidentales, a pesar de las diversas dificultades por las que estaba atravesando la Orden en esos momentos, tanto a nivel externo como interno.

Precisamente, y conscientes de dichas dificultades, unida a la necesidad de recibir una iniciación en un mundo ya desacralizado, personas que conocieron la obra de Guénon tomaron la decisión de entrar en la Masonería, e incluso se crearon logias donde su obra, especialmente la dedicada a la Masonería y a la Iniciación, tenía un peso fundamental en el contenido de los trabajos, constituyéndose en una guía para «restaurar» aquellos rituales que se habían ido desposeyendo de su sentido iniciático debido a la incomprensión que sobre el simbolismo manifestaban muchos masones de aquel tiempo. D. Roman tuvo incluso la ayuda directa de Guénon en dicha restauración, hecho que nos da la medida de hasta qué punto fue de estrecha colaboración que mantuvo con él.

Este fue el caso de la creación de la logia «La Gran Tríada», fundada en 1947 por siete masones (entre otros el ya nombrado Ivan Cerf, Antonio Coën y el conde ruso Mordvinoff), incorporándose muy pronto Denys Roman, Marcel Clavelle -alias Jean Reyor- y Roger Maridort. Significativo resulta que el nombre de *La Gran Tríada* sea precisamente el título del último libro publicado por Guénon en 1946. En él trata fundamentalmente de la tradición taoísta (o extremo-oriental) y de las diversas correspondencias que esta tiene con la Alquimia y la Masonería, hasta el punto de que hay en esta obra capítulos que son enteramente masónicos. El propio D. Roman escribiría extensamente de la logia «La Gran Tríada» en su libro *René Guénon y los Destinos de la Franc-masonería*. Allí señala las esperanzas que Guénon tenía depositadas en una logia que recuperaba ese espíritu «operativo» en el que él tanto había insistido en sus escritos sobre la iniciación y la Masonería. La práctica del ritual era, y es, en este sentido fundamental para que los trabajos masónicos se desarrollen de acuerdo a

---

[7] Ver nuestro artículo «René Guénon, Maestro Masón», publicado en el II monográfico que la Revista *Symbolos* (Nº 23-24, año 2002) dedicó a la obra del metafísico francés. Actualmente el texto también se encuentra publicado como cuaderno pdf en la Biblioteca Hermética.com

un orden que traduce el Orden universal emanado directamente del Gran Arquitecto. Pero esa práctica ritual tiene que ser llevada a cabo con el apoyo teórico de las «planchas» que versaran sobre el amplio y rico simbolismo que adorna la logia en todos los grados de la organización iniciática. Se trata de un simbolismo y de un ritual fundamentado en la tradición de constructores, pero la Masonería ha recibido otras herencias tradicionales que se fueron incrustando dentro de esa estructura original. En su prefacio a *René Guénon y los Destinos de la Franc-masonería*, Roman señala lo siguiente a propósito de la cuestión de las herencias que ha recibido esta Orden iniciática, y la «función» de la misma formando parte del «arca viviente de los símbolos» en este fin de ciclo:

Querríamos ahora intentar explicar las razones de la atención privilegiada acordada por Guénon a la Franc-Masonería. Creemos que es debido, en primer lugar, al hecho de que esta organización admite a miembros pertenecientes a tradiciones diferentes. En consecuencia, los representantes de estas diversas tradiciones, pueden reencontrarse, y es, incluso, remarquémoslo, el único 'vínculo tradicional' donde tales contactos pueden establecerse. La cosa está lejos de carecer de importancia en la época del ciclo en la que nos encontramos ahora. Pero este 'parentesco' de la Masonería con las diversas tradiciones, aporta otra consecuencia, también muy importante. Cuando una organización relevante de tal o cual tradición, está a punto de desaparecer, puede transmitir todo, o parte, de su 'depósito' a otra organización relevante de la misma tradición; pero también puede hacérsela a la Masonería, puesto que esta última no es extraña a ninguna forma tradicional. Y es por lo que Guénon ha podido escribir que la Masonería tiene varios orígenes, habiendo recibido la herencia de numerosas organizaciones anteriores. Se sabe que las más célebres de estas herencias son el Orfismo y el Pitagorismo de los griegos y los *Collegia Fabrorum* de los Romanos, que suponen tradiciones 'desaparecidas', y, seguidamente, la Orden del Temple y el 'Colegio invisible' de la Rosa-Cruz, revelando la tradición cristiana. Tales herencias son eminentemente preciosas. Los colegios de artesanos fueron fundados por Numa (equivalente romano del Manu védico), que hizo construir el Templo de Janus, el dios de la doble cara, cuyo santuario se encontraba abierto durante la guerra y cerrado durante la paz. En cuanto a la herencia órfico-pitagórica, religa a la Masonería con la Tradición primordial, a causa de los lazos de Pitágoras con el

ALGUNOS COLABORADORES DE RENÉ GUÉNON
Y LA «ESCUELA TRADICIONALISTA»

Apolo délfico e hiperbóreo. La Masonería ha permitido así que elementos relevantes de civilizaciones muertas, puedan permanecer vivas y, de ser así, no sólo son vestigios del pasado, sino también los «gérmenes» para el futuro. Y esto puede llevarnos a pensar en la 'separación' que debe efectuarse en el fin del ciclo, entre lo que debe perecer y lo que debe salvarse, separación que es análoga a lo que, en el Cristianismo, es el 'juicio final'.

Sin embargo, ciertas desavenencias entre sus miembros y también cierta incomprensión por parte de la Gran Logia de Francia hacia la labor «restauradora» de los rituales que la logia realizaba como parte del trabajo iniciático, llevaron finalmente a la salida de D. Roman de «La Gran Tríada», que años más tarde, con Guénon ya fallecido, acabaría desapareciendo. El segundo libro de D. Roman, *Reflexiones de un Cristiano sobre la Franc-masonería*, es una recopilación realizada tras su paso al Oriente Eterno. La edición estuvo a cargo del ya nombrado André Bachelet, quien en su prolija introducción, y además de abundar en los valores simbólicos y espirituales que en ella se reflejan (fruto sin duda alguna de la perspectiva iniciática con que D. Roman enfocaba los temas expuestos por Guénon) menciona que la colaboración de este con *Études Traditionnelles* tuvo varias interrupciones, lo cual fue debido a determinados acontecimientos y a ciertos cambios de orientación que, tras la muerte de Guénon, tuvieron lugar en el seno de la revista, cambios generados por una mayor presencia de artículos firmados por F. Schuon y algunos de sus correligionarios. Sin embargo, agrega A. Bachelet, tras la salida de estos de *Études Traditionnelles* en 1984, la dirección de la revista le encomendaría a D. Roman la responsabilidad de asumir la redacción de la misma. La salida de Schuon y sus afines estuvo directamente relacionada con la publicación en «Los Dossier H» (consagrados ese mismo de 1984 a Guénon), de un artículo suyo titulado: «Algunas críticas» (a la obra de Guénon), «texto, señala A. Bachelet, cuya motivación permanece bastante inexplicable para muchos, aun hoy en día. Verdadero 'embrollo', cuya pretensión era 'defender a Guénon de sí mismo'; la insolencia y ligereza de su contenido, suscitaron una indignación casi general».

ALGUNOS COLABORADORES DE RENÉ GUÉNON Y LA «ESCUELA TRADICIONALISTA»

FRITHJOF SCHUON (1907-1998)

F. Schuon nace en Basilea (Suiza) aunque prácticamente toda su obra la escribe en francés. Comienza a colaborar en *Études Traditionnelles* en 1936, si bien ya publicaba en *Le Voile d'Isis* desde 1933. Para entonces ya había abrazado el Islam y recibido su iniciación sufí en la *tariqah Alioua* de Mostaganem, Argelia. Es en 1931 cuando contacta epistolarmente con René Guénon, a quien conoce personalmente en 1938 durante una visita a El Cairo. En ese mismo año aparece su primer libro, *De la Unidad Trascendente de las Religiones*, que es quizás el mejor de los que publicaría a lo largo de su vida, y donde ya esboza las líneas generales de lo que sería el resto de su obra. Durante años la relación con Guénon se mantiene dentro de la cordialidad y el respeto mutuo, pero, como hemos señalado anteriormente, es a partir de 1946 que esa relación comienza a enturbiarse al declarar Schuon que él tenía una «misión» que no estaba unida a la de Guénon, o sea que se independizaba de él, que es como decir que rompía todo lazo con una obra que para Occidente, y en estos momentos cíclicos, contiene aquellos elementos doctrinales y metafísicos necesarios e imprescindibles para cumplimentar una vía de realización espiritual-intelectual.

La ruptura no fue inmediata, y se sabe por su correspondencia que Guénon tuvo hacia Schuon mucha paciencia, intentando reconducir la situación numerosas veces, hasta que esta se hizo insostenible al publicar Schuon en *Études Traditionnelles* (julio-agosto de 1948) un artículo titulado «Misterios Crísticos», donde afirmaba que los sacramentos cristianos conservaban todavía su carácter iniciático original, y en consecuencia todos los bautizados serían unos iniciados sin saberlo, a falta de un maestro que les diera el método para efectivizar esa iniciación. Guénon le responde en la misma revista con un artículo titulado «Cristianismo e iniciación» (retomado posteriormente en el cap. II de su libro *Apreciaciones sobre el esoterismo cristiano*), donde desarrolla toda una serie de argumentos, doctrinales e históricos que permiten entender que, a pesar, efectivamente, de que el Cristianismo de los primeros siglos tenía indiscutiblemente un carácter iniciático y esotérico, sin embargo este lo perdería de manera «consciente» en el primer Concilio de Nicea celebrado en el siglo IV, o sea en el momento en que el Cristianismo asume la función cíclica de convertirse en la religión oficial del Imperio Romano, un acto que Guénon no duda en calificar de «sacrificial» pero necesario para que Occidente no sucumbiera a un estado semejante al que se encuentra actualmente.

La obra de Guénon no surge por casualidad, sino que tiene un carácter «providencial» que viene atestiguado y corroborado por la influencia benéfica, espiritualmente hablando, que ella ha ejercido y viene ejerciendo en numerosas personas que buscan sinceramente el Conocimiento. «Por sus obras los conoceréis» se dice en los Evangelios, y desde luego es una evidencia objetiva que, desde el punto de vista iniciático y en la exposición didáctica de la Ciencia Sagrada, la obra de Guénon es muy superior a la de Schuon, cuyo valor no vamos a discutir y que desde luego ocupa el lugar que le corresponde dentro de la historia de las ideas, pero que también tiene sus límites en la medida misma en que, como se ha dicho, consideraba al esoterismo como una especie de hiper religión,[8] de ahí lo de *Religio Perennis* empleada frecuentemente por Schuon para referirse a lo que en realidad no es otra cosa que la Sabiduría Perenne o la Tradición Primordial.

Desconocemos los motivos que llevaron a Schuon a «rebelarse» contra la autoridad espiritual de Guénon, aunque determinados actos y declaraciones suyas anteriores, pero sobre todo posteriores a la muerte de este (claramente contrarias a su obra), dejan entrever que existió por parte suya una clara animadversión personal nacida quizás de una obsesión por «superar al Maestro», manifestando así ciertas «desarmonías internas» que, con toda probabilidad, le impidieron desarrollar ciertas cualificaciones iniciáticas que posiblemente ya eran innatas en Schuon, y que Guénon sin duda reconocía, de ahí que lo ponderara privadamente en varias ocasiones, y que por eso mismo llevara hasta el límite de lo admisible sus despropósitos doctrinales, hasta que ya se hizo imposible por su parte mantener todo vínculo con él.

---

[8] *Schuon* versus *Guénon*. Cuadernos de la Gnosis, Nº 9 (Symbolos, 1998).

NOTA SOBRE LA «ESCUELA TRADICIONALISTA»

Nos toca ahora considerar de manera breve lo que se ha dado en llamar «Escuela Tradicional» o «Escuela Tradicionalista», que algunos también denominan simplemente «Perennialismo». El origen de estas expresiones se suele atribuir a René Guénon, sin embargo este nunca mencionó tal «Escuela», ni creemos que estuviera en su ánimo fomentarla, en primer lugar porque siempre supo distinguir entre Tradición y Tradicionalismo (ver, por ejemplo, el cap. XXXI de *El Reino de la Cantidad y los Signos de los Tiempos*), y en segundo lugar porque es en todo caso la Tradición, o las distintas formas tradicionales, las que podrían tener dentro de sí diversas escuelas, o «puntos de vista» (caso de los *darshanas* hindúes) con los que dichas tradiciones canalizan las diferentes expresiones emanadas de la esencia única de su doctrina. Pero una «escuela tradicionalista» ¿a qué tradición está representando?, o ¿a qué vía o corriente determinada de una tradición se vincularía? Se es, o no, de una Tradición, cualquiera que esta sea, pero que poco tendría esta que ver con «Escuela Tradicionalista» alguna, la cual sería ajena y totalmente «exterior» a la Tradición genuina a la que se pertenece, con lo cual estamos simplemente ante una denominación que en realidad es una etiqueta más que no dice nada, o mejor dicho, puede conducir a algo más grave, como sería la confusión o la mezcla de las formas tradicionales, lo cual fue advertido por Guénon en un artículo titulado precisamente «Contra la mezcla de las formas tradicionales» (que conformaría el cap. VII de *Apreciaciones sobre la Iniciación*). Pertenecer a la «Escuela Tradicionalista» puede llevar a la falsa percepción de creer que se está por encima de las formas tradicionales, ya que, en ese supuesto, ellas estarían integradas en dicha «Escuela», que aparecería así como una especie de «sustituta» de la verdadera Tradición Primordial, de origen suprahumano.

En realidad es a F. Schuon y a sus discípulos a quienes se debería achacar la paternidad de esa denominación,[9] así como la de «Perennialismo»,

---

[9] En una página web dedicada a F. Schuon aparece un artículo titulado «Titus Burckhardt y la escuela tradicionalista», cuyo autor, William Stoddart, señala que: »El sol salió para la escuela tradicionalista con la aparición de la obra de Frithjof Schuon».

que, como señalamos más arriba, deriva de lo que el propio Schuon llamó *Religio Perennis*, por asimilación con «Filosofía Perenne», una expresión que tiene su origen, como la de «Evangelio Eterno», en la Edad Media para referirse precisamente a la Tradición Primordial, la que conserva en toda su integridad la Doctrina Metafísica, de la que han derivado todas las culturas y civilizaciones tradicionales a lo largo de la Historia.

Deliberada o no, con esa confusión se pone al mismo nivel la Religión y la Metafísica, cosa que jamás hizo Guénon, para quien lo religioso y lo metafísico se corresponden con dos ámbitos de la realidad bien diferenciados, que no han de mezclarse, como no se ha de mezclar lo exotérico con lo esotérico, o iniciático. Precisamente, esta es una de las diferencias esenciales entre la obra de Schuon y la de Guénon, una diferencia que no es menor desde luego pues toca a la médula misma de la búsqueda espiritual, pues asimilando la religión a la metafísica se impediría la realización de esta última, y de facto se la estaría negando, cuando en realidad es la única posibilidad que tiene el ser humano de alcanzar el verdadero Conocimiento y su identidad con el Sí Mismo. ⚜

CUADERNOS DE LA TRADICIÓN UNÁNIME - 33

PICO DE LA MIRANDOLA
Fénix del Renacimiento

Mª Ángeles Díaz

BIBLIOTECA HERMÉTICA

Pere Sánchez Ferre, es Doctor en Historia Moderna y Contemporánea por la Universitad de Barcelona (1988). Miembro fundador del Centro de Estudios Históricos de la Masonería Española (1984). Ha impartido cursos en varias universidades sobre historia de la masonería, sus doctrinas y su lenguaje simbólico. Algunos sus libros publicados son: *La maçoneria a la societat catalana del segle XX. 1900-1947*, Edicions 62, Barcelona, 1993; *El caballero del oro fino. Cábala y alquimia en el Quijote*, MRA ediciones, Barcelona 2002; *La masonería y los masones españoles del siglo XX. Los pasos perdidos*, MRA ediciones, Barcelona, 2012; *La masonería. Símbolos, doctrinas e historia*, Ediciones Idea, Santa Cruz de Tenerife, 2015; *El alma, el espíritu y el sentido. Las mutaciones del lenguaje en la espiritualidad occidental*, Olañeta Editor, 2016. Igualmente, ha publicado más de 40 trabajos sobre historia de la masonería, la tradición iniciática y el hermetismo.

RENÉ GUÉNON
Y EL MOVIMIENTO OCULTISTA EN LA FRANCIA DE LA BELLE ÉPOQUE

Pere Sánchez Ferre

El caso de René Guénon es singular, pues fue un filósofo cristiano que se hizo masón, que dejó lo uno y lo otro para hacerse musulmán, pero que basó su pensamiento y sus doctrinas en la tradición hindú, en el Vedanta. Quien le inició fue el pintor y maestro sufí John Gustaf Agueli [Ivan Agüeli] (1869-1917), de origen sueco (su nombre islámico era Abdul-Hadi, 'el servidor del guía')[1].

---

[1] Colaboró con el movimiento teosófico, estuvo en Egipto y Ceilán (Colombo, 1899). Fue iniciado en el sufismo islámico en 1907 por el sheik Abder Rahman, uno de los hombres más célebres del Islam. Volvió a Francia en 1910 y al año siguiente conoció a Guénon, que entonces dirigía la revista *La Gnose*. Debió iniciarlo en 1912. Cuando en 1915 fue expulsado de Francia, fue a España, donde, en Barcelona, murió atropellado por un tren (estaba completamente sordo), Paul Chacornac, *La vida simple de René Guénon*, Ed. Obelisco, Barcelona, 1987, pp. 50-52.

Con veinte años, y después de abandonar los estudios superiores, Guénon ingresó en la masonería y en la Orden Martinista, creada en 1888 por el dirigente ocultista Papus (el médico de origen español Gérard Anaclet Vincent Encausse) y gobernada por él. Este fue el comienzo de su paso por el movimiento ocultista.

LA TRADICIÓN PRIMORDIAL Y LA MISIÓN DE GUÉNON

Guénon fue investido, o él mismo se impuso una misión: recuperar la «Tradición primordial», ante el caos imperante en el mundo occidental, no sólo en el plano social y filosófico, sino también en el espiritual, el iniciático y el hermético. La modernidad había destruido los fundamentos mismos de la Tradición, y era preciso recuperarla.

Desde el último tercio del siglo XIX, la reacción contra el positivismo materialista, el anticristianismo y el ateísmo estaba en manos del movimiento ocultista. Sin embargo, según Guénon, el ocultismo abusaba de lo fenoménico y descuidaba lo propiamente espiritual y la Tradición original, de ahí la importancia dada a la magia, a los misterios del mundo astral, al sonambulismo, a la hipnosis, al tarot y a las mancias en general. Es verdad, sin embargo, que no puede confundirse al grueso de los amantes de lo oculto con personajes como Stanislas de Guaita.

Además del movimiento ocultista, en la Francia de la *Belle Époque* proliferaban los centros espiritistas y los de la Sociedad Teosófica, los otros esoterismos de raíz espiritual, pero muy distanciados, incluso enemistados entre ellos. Tanto Guénon como los líderes ocultistas desautorizaban las prácticas espiritistas, que consideraban peligrosas. En cuanto a la Sociedad Teosófica, Guénon –como los líderes ocultistas– denunciaba la naturaleza y los objetivos de dicha organización, debido a sus doctrinas orientalizantes y de hecho anticatólicas, así como su dudoso papel político, pues era el brazo esotérico del colonialismo inglés, además de colaborar en la destrucción de la tradición hindú, pues sus centros en la India se habían convertido en un instrumento al servicio de los intereses británicos.

RENÉ GUÉNON Y EL MOVIMIENTO OCULTISTA EN LA FRANCIA DE LA BELLE ÉPOQUE

Pero el filósofo de la Tradición acusaba al ocultismo, al espiritismo y a la teosofía de haberse desviado completamente de la tradición y de la verdadera espiritualidad, incluyendo esas tres corrientes en la misma categoría, cuando de hecho existían elementos importantes en los que Guénon coincidía con el ocultismo, pues todos sus líderes también condenaron el espiritismo y la teosofía por las mismas razones.

Por otra parte, los ocultistas defendían el catolicismo desde la heterodoxia y eran anti modernos como Guénon, quien afirmó que únicamente el catolicismo podría regenerar la civilización occidental: «es en el cristianismo –o, más exactamente, en el catolicismo– donde se encuentran los restos que todavía sobreviven en Occidente del espíritu tradicional».[2]

Como veremos, no decían otra cosa, no sólo los sacerdotes ocultistas, sino también Papus, Joséphin Péladan o Stanislas de Guaita, todos ellos defensores de la tradición católica, aunque denunciaban la inepcia y la ignorancia del papado y del clero.

Como ellos, Guénon también denuncia la perversidad del mundo moderno; en 1927 publica *La crisis del mundo moderno*, y el 1945, *El reino de la cantidad y los signos de los tiempos*, donde afirma que la civilización moderna occidental y su ciencia llevan en sí mismas la semilla de la contra iniciación, así como la destrucción de los valores espirituales y tradicionales.[3] En estas obras nos ofrece un análisis extremadamente lúcido, pionero y muy radical del proyecto llevado a cabo por el pensamiento moderno, materialista y racionalista, para desacralizar el mundo y al ser humano, y destruir todo vestigio de tradición espiritual en la sociedad, en las conciencias, en el imaginario colectivo y en el alma de los pueblos. Únicamente su coetáneo Louis Cattiaux, alquimista de la escuela tradicional, denunció igualmente sin paliativos los desmanes de la modernidad occidental en su obra *El Mensaje Reencontrado*, he aquí un ejemplo (XXXIX, 32-32'-33):[4]

---

[2] René Guénon, *La crisis del mundo moderno*, Paidós, Buenos Aires, 2001, p. 37.

[3] En 1934 Julius Évola, esoterérico, ocultista y amante de la espiritualidad oriental, publicará su obra *Revuelta contra el mundo moderno*, desde un ideario radicalmente tradicional, aunque marcado también por la ideología fascista.

[4] La primera edición completa es de 1956. Existen versiones en diferentes lenguas, la última en español es de Herder Editorial, 2023. Véase la relación epistolar entre Guénon y Cattiaux en *René Guénon y Louis Cattiaux. Correspondencia completa*, Ed. Obelisco, Barcelona, 2013.

El tiempo de las máquinas apenas empieza y todos están seducidos, sin darse cuenta de que las máquinas son obras muertas que no producen más que la muerte.

Y todos creen servirse de las máquinas, sin darse cuenta de que son ellos quienes sirven a las máquinas como esclavos embrutecidos por la muerte.

Ahora, todos defienden la causa del rebelde y ensalzan su obra maldita. Sacerdotes e incrédulos, monjes y laicos, sabios e ignorantes, artistas y obreros, ricos y pobres, sanos y enfermos, bien pensantes e impíos, jefes y peones, todos aplauden al fuego que va a devorarlos.

EL ESPIRITISMO

El espiritismo, al que Alain Kardec dota de una doctrina de base cristiana, pero que admite la reencarnación, la existencia de los espíritus y de otras entidades del mundo astral, se arma de una praxis basada en la invocación de los espíritus. Guénon, evidentemente, consideraba dichas prácticas extremadamente peligrosas y alejadas de la Tradición unánime. Lo mismo opinaba Stanislas de Guaita, Papus y Joséphin Péladan, entre otros.

Por lo general, el ocultismo no pretendía invocar espíritus o almas de muertos, sino a las fuerzas divinas, a la divinidad. Proponía practicar la magia «blanca» y la teúrgia; y ponía en guardia a sus miembros y lectores acerca del peligro que suponían no sólo las prácticas espiritas, sino también una cierta manera de ejercer la magia.[5]

Estamos en la época de las «ciencias ocultas», del esoterismo fenoménico, en el que se practican los viajes astrales, la hipnosis, las mánticas de todo tipo y la magia. Todo lo cual es criticado por Guénon. Y respecto a la magia, afirma que «es una de las más inferiores entre todas las aplicaciones del conocimiento tradicional».[6]

En estos ambientes comienza e divulgarse la idea de la pluralidad de mundos habitados, que por lo general son más evolucionados que el nuestro. Y se amplía y modifica el mito de la Atlántida, pues a partir del discurso de Solón en el *Timeo* (24-25), nacerán múltiples versiones del

---

[5] Véase la obra de René Guénon, *El error espiritista*, en *Obras completas de René Guénon*, Sanz y Torres, Madrid, 2023, vol. VI.
[6] René Guénon, *Aperçus sur l'Initiation*, Les Éditions Traditionnelles, París, 1946, p. 269.

continente desaparecido y de sus habitantes, poseedores de una ciencia muy superior a la actual, la creencia en la existencia de habitantes en el mundo subterráneo, etc.

Guénon dedicó una de sus obras a denunciar los errores del espiritismo.[7]

Por otra parte, teósofos y espiritistas se empeñan en unir la ciencia positivista a las ciencias ocultas, pero en vano, pues el positivismo conseguirá deshacerse de todo contenido espiritual y se erigirá definitivamente como la única verdad capaz de ser demostrada empíricamente. Paradójicamente, teósofos, espiritistas, no pocos ocultistas y masones acabarán comulgando con las doctrinas de la ciencia profana, e incluso la Iglesia Católica, que tanto condenó la «ciencia impía», acabará transigiendo y aceptando algunos de sus principios y dogmas.

LA TEOSOFÍA

Los teósofos crearon el término *New Age* para referirse a la nueva era de Acuario en la que dicen, hemos entrado o entraremos. En ella se había de manifestar un nuevo Mesías, para lo cual se creó la Orden de la Estrella de Oriente y confiaron al indio Krishnamurti la función mesiánica que anunciaban. Finalmente éste renunció al papel que se le había asignado, disolvió dicha Orden en 1929 y se retiró del teosofismo.[8] Puede decirse que en la actualidad el teosofismo decimonónico se ha transmutado en una nebulosa de saberes, escuelas y técnicas múltiples, pero sigue completamente impregnada de los principios de la Sociedad Teosófica fundada en Nueva York por H. P. Blavatsky en 1875. En ese mundo proliferan los contenidos teosóficos clásicos, como la teoría de las siete razas, la invocación a los «Maestros ascensionados», la existencia de «portales» que comunican con otros mundos y prácticas próximas al espiritismo; y todo ello unido a las doctrinas más extravagantes, siempre con un considerable carácter sentimental y con una estética que presenta a la mujer como maga, sacerdotisa, bruja buena o iniciada, a pesar de que muchos de sus gurús y líderes son hombres.

---

[7] L'*Erreur spirite*, editado en 1923.
[8] Falleció en California en 1986.

RENÉ GUÉNON Y EL MOVIMIENTO OCULTISTA
EN LA FRANCIA DE LA BELLE ÉPOQUE

No cabe duda de que ese movimiento, donde se mezcla y confunde la auto ayuda, la psicología junguiana y la espiritualidad, es también un gran negocio editorial, que tiene a la mujer como protagonista destacada, autora y consumidora.

La Sociedad Teosófica y el orientalismo ya estaban muy de moda a finales del siglo XIX en los ambientes de la espiritualidad heterodoxa, pues (ayer como hoy) el hinduismo y el budismo permiten satisfacer inquietudes espirituales al margen del catolicismo. Contra ese prejuicio que ignora la propia tradición occidental para abrazar la de Oriente se manifiestan la mayoría de los líderes ocultistas, como ya hemos dicho. Uno de ellos, Stanislas de Guaita, describe sin ambages este fenómeno (que no ha dejado de crecer hasta la actualidad) refiriéndose a la Sociedad Teosófica:

> La voz de Satán-Panteo es ondulante y múltiple como este Universo físico del que es el alma. A cada uno le habla en un lenguaje que le es familiar: al artista le habla de arte; al ocultista, de mística; al hombre de acción, de intriga. Pero diga lo que diga, cuando habla, todas las nociones confundidas dejan al alma delirante presa de esta única convicción que la corroe como un cáncer: todo es vano, nada es seguro…Y de este caos de incertidumbre se desprende un último concepto imperativo, perentorio: la urgencia de la abdicación moral individual. (…)
>
> Satán-Panteo –que también es Satán-Proteo– se las ingenia para disfrazar su invitación con las formas más imprevistas, las más atrayentes. (…)
>
> Adoptando todos los disfraces, Satán-Panteo no deja de transfigurarse en Cristo glorioso, es decir, en Buda. ¿No lo hemos visto, recientemente, tomar de la India su quietismo exótico y toda la magia de sus tradiciones seculares, para encantar a los ojos novicios por medio de espejismos insidiosos, y desviar de la vía a esas almas, cada día más numerosas que, rechazando el cenagal materialista y cansados de los horizontes estrechos del eclecticismo universitario, tratan de orientarse hacia la luz apenas entrevista de una mística ideal? Una cierta teosofía, falseando los más sublimes conceptos del esoterismo, parece empeñarse en hacer brillar, con destellos de verdad   los fuegos fatuos del error. (…) mientras que otros hermanos, depravando la noción de Absoluto hasta convertirlo en la base de una síntesis atea, reducen a la nada el insondable Parabrahm. Y para que su moral sea digna de su teodicea, predican, como si de un altruismo se tratase, el suicidio de la verdadera personalidad: es su manera de interpre-

tar el Nirvana (el estado de los humanos reintegrados en la Unidad divina) [Nirvana significa 'extinción']. Tales enseñanzas les llevan, con su cohorte de elegidos, hacia ese ideal patibular, como carniceros desfilando con su rebaño camino del matadero».[9]

El «suicidio de la verdadera personalidad»: con estas palabras Guaita nos está diciendo que desconfiemos de las doctrinas que nos proponen fundirnos en el Nirvana, en el Gran Mar Universal (Dios, el Alma del Mundo de Platón), pues nuestra alma será como una gota de agua en ese Mar, habrá desaparecido para siempre, ya que habrá perdido la conciencia individual. La tradición hermética, como el cristianismo y las religiones tradicionales, proponen justo lo contrario, pues se trata de –en términos herméticos– encarnar ese Gran Mar divino para que nos deifique. La verdadera salvación no es «ahogarse» en Dios, sino encarnarlo en nosotros a fin de que nos sea dado el cuerpo de Luz, el vestido nuevo del Evangelio.[10]

Como vemos, algunos de los llamados ocultistas tenían un conocimiento muy preciso de las doctrinas tradicionales; no eran simples deseosos de experimentar el mundo astral para descubrir sus secretos o adquirir poderes sin pedirlos a Dios. Por esa razón R. Guénon dijo que S. de Guaita era el más cualificado de los ocultistas.

Guénon también desautoriza el teosofismo e incluso lo combatirá en su obra *La Teosofía. Historia de una pseudo religión*, editada en 1921.[11]

EL OCULTISMO

Ocultismo es un término moderno, que nace precisamente en el siglo XIX y lo divulga Éliphas Lévi, quien dice haber ahondado «en los antiguos santuarios del ocultismo»[12]. En 1854 publicó su obra *Dogma y Ritual de Alta Magia*, que tanta influencia tuvo en décadas posteriores.[13]

---

[9] Stanislas de Guaita, *Le Serpent de la Genèse. Le Temple de Satan*, París, 1915, ed. facsímil, pp. 531-534.

[10] Cfr. *Apocalipsis* 3, 5: «El que venciere será vestido de vestiduras blancas...». Las enseñanzas de Emmanuel d'Hoogvorst insistían en este aspecto, que es fundamental para nuestra salvación.

[11] Existe edición en español: *El Teosofismo*, Ed. Obelisco, Barcelona, 1989.

[12] Éliphas Lévi es el nombre que adoptó el sacerdote francés Alphonse Louis Constant (1810-1875). Su obra *Dogma y Ritual de Alta Magia* (publicada en 1854) influenció

RENÉ GUÉNON Y EL MOVIMIENTO OCULTISTA EN LA FRANCIA DE LA BELLE ÉPOQUE

El término servirá a sus herederos para designar tanto las ciencias tradicionales como la cábala, la alquimia, la magia, la astrología, el tarot o las mánticas, así como las prácticas a las que se entregaban quienes anhelaban experimentar el mundo oculto, la realidad sutil.

Sin embargo, entre las ciencias tradicionales, a los ocultistas les complacía usar el término «magia» para referirse a sus doctrinas y prácticas ocultas.

Una particularidad de este movimiento es que ciertos ambientes católicos se sintieron atraídos por el esoterismo, pues veían en él la posibilidad de regenerar una Iglesia desposeída de sus propios misterios, decadente y amenazada por el envite del racionalismo ateo y antirreligioso. Aseguraban que la ciencia oculta latía en los sacramentos y en la liturgia, a pesar de la ignorancia e incapacidad de la mayoría de clérigos y de la jerarquía católica. En definitiva, afirmaban que había que entender herméticamente los misterios cristianos y que el bautismo era la iniciación en la Iglesia de Cristo.

Incluso algunos de sus líderes fueron sacerdotes, como el abad Paul Roca (1830-1893), que cultivó un esoterismo cristiano, o el mismo Éliphas Lévi, que fue ordenado sacerdote. Otro religioso ocultista fue Paul François Gaspard Lacuria (1806-1890), esotérico de prestigio en el mundo ocultista y apasionado por la ciencia de los números.[14]

Lacuria, como Paul Roca, E. Levy o J. Péladan, reivindicaban una escuela ocultista (es decir, mágica, hermética y cabalística) que complementase y vivificase el catolicismo; aspiraban a recuperar el esquema tradicional que postula la necesidad de que vayan unidas la Escuela y la Iglesia.

Lacuria –que nunca abandonó la Iglesia ni fue apartado o sancionado por sus superiores– en su obra *Les harmonies de l'Être* trata del alma y de su envoltorio sutil o fluídico, y la última parte está dedicada a la cien-

---

grandemente a Stanislas de Guaita, Papus y otros ocultistas de la segunda mitad del siglo XIX y primeros años del XX.

[13] Su doctrina, a nuestro entender, no se apoya en la hermenéutica tradicional, es de factura propia, es un sincretismo donde se mezclan diferentes tradiciones. En su obra *Les Mystères de la Kabkale* (ed. de 1861), interpreta el número de la Bestia, el 666 (véase *Apocalipsis* 13, 17-18) como el número del hombre, el de la lucha del alma contra la materia, y los tres aspectos del alma (pp. 135-136). Lo mismo puede decirse de su interpretación de la visión de Ezequiel.

[14] Paul François Gaspard Lacuria publicó varias obras, entre ellas *Les Harmonies de l'Être exprimées par les nombres*, Bibliothèque Chacornac, París, 1899.

cia de los números según las doctrinas pitagóricas. Era llamado el «Pitágoras francés».[15]

Paul Roca escribió, dirigiéndose a los jóvenes católicos:

> Esta flor de cristianos tiene, lo sé, el sentimiento religioso muy despierto, desarrollado hasta un punto extraordinario. Los arcanos del cristianismo les son familiares; saben muy bien que nuestra liturgia es teúrgia, y que nuestro ritual sacramental es una compilación de magia blanca o divina.[16]

Otro de los sacerdotes ganados para la causa ocultista será Calixte Mélinge (1842-1933), que adoptó el nombre de Alta. Colaboró en la revista *L'Aurore du jour nouveau* de lady Caithness, en *L'Initiation* y en *Le Voile d'Isis*. Formará parte de la Orden Kabalística de la Rosa-Cruz y será miembro de su Supremo Consejo. Como la mayoría de los líderes ocultistas, preconizaba una vuelta al cristianismo primitivo y era defensor de la sinarquía cristiana. Combatió el poder papal y la Iglesia de su tiempo, aunque finalmente volvió a aceptar el poder de Roma y de la jerarquía eclesiástica.

Otro aspecto de este movimiento es la creciente presencia de la mujer, no sólo como miembro activo de ciertas organizaciones, sino como dirigente, en particular en el mundo espirita y en el teosofismo.

El protagonismo femenino en el mundo espiritista (siempre cristiano) venía del hecho que en él las mujeres ejercían de médiums; eran las sacerdotisas del movimiento, lo cual les daba un poder considerable en sus organizaciones.

La mujer no sólo dirigió el movimiento espirita, sino también la teosofía, pues fue una mujer su fundadora, H. P. Blavatsky, en Nueva York, en 1875, creadora de la gran mayoría de sus principios y doctrinas. La presencia femenina en el teosofismo fue creciente, de manera que en 1903 Annie Besant pasó a dirigir la Sociedad Teosófica hasta su muerte, en 1933.

---

[15] Paul François Gaspard Lacuria, *op. cit.,* cap. XVII.
[16] *Le Monde nouveau, nouveaux cieux, nouvelle terre*, París, 1889, p. 442, citado por Serge Caillet, «De Stanislas de Guaita à Robert Ambelain: L'héritage de la Rose-Croix Kabbalistique», en *Stanislas de Guaita, précurseur de l'occultisme*, Éditions du Cosmogone, Lyon, 2018, p. 97.

LOS LÍDERES OCULTISTAS

Stanislas de Guaita

Tres de sus líderes darán contenido doctrinal y elementos para la práctica de la magia y el ocultismo; en primer lugar Stanislas de Guaita, filólogo, amante de la alquimia, poeta y conocedor del mundo astral, que publicará algunas obras de gran valor para el ocultismo experimental, como *El Templo de Satán* (1891), *La llave de la magia negra* (1897), o *El problema del mal*, obra póstuma en la que se ocupa de la caída del alma en este mundo de exilio y de su redención.[17]

A pesar del rechazo a esos ambientes, Guénon elogió su obra, al escribir que «su punto de vista es aquí, como el de Fabre d'Olivet también, esencialmente cosmológico, y también puede decirse, en cierta medida, que metafísico.» Y también que «era intelectualmente muy superior a la mayoría de los otros representantes de la escuela ocultista».[18]

Stanislas de Guaita (1861-1897) de condición noble (era marqués), nació y murió en el castillo de Alteville, en Lorraine, Francia, a la edad de 37 años.

Desde muy joven cultivó la poesía y la alquimia, y posteriormente se interesó especialmente por el ocultismo. Con su amigo, el escritor Maurice Barrès, frecuentaron los medios ocultistas parisinos, se instaló en París, y su lujosa mansión pronto se convirtió en un centro de reunión de los amantes de la realidad oculta.

S. de Guaita es el personaje central del movimiento, referente y maestro de la mayoría de sus líderes, entre ellos Papus, el sacerdote Alta, Paul Sédir, Oswald Wirth y Joséphin Péladan. Además de poeta, fue coleccionista, bibliófilo, experimentador con muchos conocimientos de química, conocedor del mundo sutil y mago, aunque no lo era en el sentido vulgar,

---

[17] Hay edición en español: *El problema del mal*, Luis Cárcamo editor, 1988. Esta obra fue modelada por Oswald Whirt.
[18] Gilles Bucherie, «Stanislas de Guaita (1861-1897) et F.-Ch. Barlet (1838-1921): Une perspective de renouvellement de l'occultisme», en *Stanislas de Guaita, précurseur de l'occultisme, op. cit.*, p. 77 y nota 15.

pues se presentaba como «soldado del Verbo»[19] y era un defensor de la tradición cristiana concebida desde una perspectiva mágico-hermética. En una carta «estrictamente confidencial», Guaita afirma que su obra, *La Serpiente del Génesis*, es un «verdadero curso de magia cristiana».[20]

En otra de sus cartas, propone «formar un haz simpático de protección, con la condición de que el destinatario de la carta crea en el Verbo encarnado: «Permítame una pregunta. ¿Cree usted en la divinidad radical del Verbo encarnado, personalmente en J.-C. por la unión hipostática de las dos Naturalezas?»[21]

Guaita se interesó por el ocultismo al leer la primera novela de J. Péladan (*El vicio supremo*, 1884), quien fue más el inductor que el maestro de Guaita, puesto que su interés estaba sobre todo en introducir la magia en la creación artística.

De salud precaria, decía que le atacaban larvas astrales y súcubos. En su correspondencia con Péladan, escribe que conoce el mundo astral, que habla por experiencia, y le confiesa a su amigo: «Pero para explicarme, habría que descender a una profundidad de esoterismo inefable (pues la Luz se ha hecho en mí): no puedo poner todo esto en un papel».[22]

Me parece de interés reproducir otro fragmento de su obra *La clef de la magie noire*, pues nos ofrece una perspectiva que va más allá de lo que consideramos comúnmente como ocultismo; se trata del descenso de las almas a este mundo:

> Evocadora de las almas en la ribera de la ilusión física, la Encantadora cubre con un adorno mentiroso las realidades de la carne y de la sangre. En todos los planos de la existencia, su cometido es el de seducir.
>
> Su fantasmagoría hace centellear la ilusión de un paraíso en el fondo del abismo del infierno físico, y las almas se dejan coger en su trampa de la encarnación; y de igual modo, una vez encarnadas, se dejan coger en su trampa de la unión sexual. Venus necesita paralelamente esta doble y complementaria función seductora a fin de garantizar, por las sucesivas

---

[19] «Stanislas de Guaita: Un acteur majeur de l'occultisme à la Belle Époque», en *Stanislas de Guaita, precurseur del occultisme, op. cit.*, p. 23

[20] *Op. cit.*, p. 24.

[21] *Op. cit.*, p. 25.

[22] *Lettres inédites de Stanislas de Guaita au Sâr Joséphin Péladan*, (Bertholet y Emile Dantinne ed.), Éditions Rosicruciennes, Lausanne, 1952, Carta n° 28, de 1888, p. 78.

olas de la generación, la perpetuidad del transitorio objetivo. Que la diosa quiera captar las almas o acoplar los cuerpos, sus medios son los mismos: el deseo y su voz solícita; y su divina trampa es la voluptuosidad.

Pues es necesario formular lo que tal vez nuestro público ya ha presentido: que a la llamada de Venus, un trastorno sensual muy intenso, una sed irresistible de gozar invade las almas en declive de su vida aromática. Debemos exceptuar a las que debido a su naturaleza, enteramente espiritualizada, no se dejan atrapar por los flujos retrógrados de las generaciones. Las demás, cuando suena la hora de una nueva prueba, se dejan arrastrar por el torrente; el mundo físico al que lleva les parece un edén de lasciva beatitud; muy pronto la pasión sucede al deseo y el centro anímico es invadido. El amor incurable por el que arden entonces hacia la materia, marca la agonía de su existencia superior. Desde que han consentido su propia decadencia, la corriente las arrastra y las hace rodar en sus remolinos; su mente se turba, su conciencia enloquece, su sustancia se espesa. Arrebatadas por la atracción fluídica del planeta predestinado, un vértigo indescriptible vela el horror de una degradación inminente, y cuando finalmente las engulle la materia, pierden el conocimiento en la embriaguez de las voluptuosidades. (…) El mismo ardor que las almas experimentan al descender a la carne, lo inspira a los progenitores terrestres designados para abrirles la puerta.[23]

También me parece de interés citar una carta dirigida a J. Péladan (en latín), donde le habla de uno de los misterios iniciáticos fundamentales, y que puede ser llamado ocultismo (alude al pasaje de *Mateo* 11, 12):

«Adiós, y sé un audaz violador de la sacrosanta Cábala; El Mago más augusto dijo del Santo Reino: los violentos se apoderan de él. ¡Nunca deberíamos tener miedo! Adiós, pues, erudito Merdorack».[24]

(Vale, et sacrosancte Kabbalae audax violator esto; De Sancto Regno dixit Magus augustissimus: violenti rapiunt illud. Nec nobis unquam timendum! Igitur vale, doctissime Merdorack).

---

[23] *La clef de la Magie Noire,* pp. 478-481. Es evidente que Guaita tenía muy presente la descripción que hace Platón de la caída de las almas en el mundo carnal (246a-248c), aunque éste omite lo que el marqués de Alteville revela.

[24] *Lettres inédites de Stanislas de Guaita au Sâr Joséphin Péladan, op. cit.,* p. 131.

RENÉ GUÉNON Y EL MOVIMIENTO OCULTISTA EN LA FRANCIA DE LA BELLE ÉPOQUE

Según la expresión hermética, hay que «robar» la fuerza mercurial del cielo, como dice el Evangelio: «Desde los días de Juan el Bautista hasta ahora, el reino de los cielos sufre violencia, y los violentos lo roban.»

Lo mismo enseña un texto de alquimia taoísta, probablemente del siglo IV, mediante las peripecias de un hombre que robó las cosas de este mundo, en lugar de robar lo que pertenecen a todos: el cielo.[25]

No cabe duda de que Stanislas de Guaita (y probablemente otros) sabían que debían ir a ese lugar peligroso –como lo describe Dante en su *Divina Comedia* I, 1 y ss.– para recibir el don de Dios, o de la Cábala, o la verdadera iniciación, la bendición en términos cristianos. Pero si el divino maestro iniciador no acude, nos perderemos o la experiencia tal vez habrá sido inútil. Todos los textos revelados y los herméticos hablan de ello de forma más o menos velada.

Papus (Gerard Anaclet Vincent Encausse)

Entre los protagonistas del movimiento ocultista debemos destacar también a Papus. Este es el nombre que adoptó el médico de origen español Gerard Anaclet Vincent Encausse (A Coruña, 1865-París, 1916). Fue el más destacado de sus dirigentes (junto con Stanislas de Guaita). Perteneció a la Sociedad Teosófica poco después de su creación, pero pronto la abandonó y fundó una escuela hermética en la que se cultivaba un esoterismo cristiano al margen de la oficialidad romana. También se distanció del orientalismo que divulgó la Sociedad Teosófica desde su fundación.

Además de las discrepancias doctrinales, se sabía que dicha organización servía a los intereses coloniales en la India (ya lo hemos dicho) y al anticlericalismo francés, básicamente anticatólico.

Papus promovió o perteneció a todas las organizaciones ocultistas, iniciáticas y herméticas de su época, como la Fraternidad Hermética de Luxor, la Orden Hermética de la Aurora Dorada y la Orden Kabalística de la Rosa Cruz, fundada por Stanislas de Guaita y Joséphin Péladan, en 1888. Creó también la Orden Martinista (u Orden de los Superiores Desconoci-

---

[25] León Wieger, *Les Pères du Système Taoïste*, Cathasia/Ed. Sulliver/Belles Lettres, París, 1950, p. 81. En versión española se puede leer en la Colección La Puerta, nº 75, *La sabiduría oriental*, Arola Editors, Tarragona 2019, pp. 28-29.

dos) y la Iglesia Gnóstica. Además fundó revistas de contenido ocultista, pero también cabalístico y esotérico (para emplear un término que de alguna manera engloba todas las ciencias tradicionales), como *L'Initiation* (1888) y *Le Voile d'Isis* (1890). En 1893 ve la luz su obra *Tratado elemental de magia práctica*.

Papus daba esta definición de lo que era el ocultismo: «Lo oculto es lo Invisible Real detrás de lo Visible aparente y análogo».[26]

El doctor Encausse visitó Rusia tres veces, en 1901, 1905 y 1906, para servir al zar Nicolás II y a la zarina Alejandra como médico, pero también como consejero y médium. Parece ser que fue él quien advirtió a los zares de la nefasta influencia de Rasputín y del peligro de una revolución en aquel país.

Poco antes de que Guénon comenzara a realizar estudios con el Dr. Encause, éste fue requerido por los Romanoff al Palacio Imperial Ruso para invocar el espíritu del Zar Alejandro III, lo cual debió impresionar al joven Guénon.[27] Sin embargo, éste propuso a Paul Chacornac que colaboraría en la revista *Le Voile d'Isis* si en ella no se incluían textos ocultistas, exceptuando los de Émile-Jules Grillot de Givry[28], católico y ocultista que perteneció al círculo de colaboradores de la Orden Rosa Cruz Católica de J. Péladan, y fue iniciado como masón en el Rito de Memphis-Misraím.

Joséphin Péladan

Y en tercer lugar tenemos a Joséphin Péladan, católico ferviente, ocultista y autor de varias obras. Creó, con Stanislas de Guaita, de Orden Kabalística de la Rosa Cruz, aunque posteriormente la abandonaría para fundar, en 1891, una Orden Rosa-Cruz Católica, de la que se proclamó Gran Maestro y se auto nombró Sar Merodack[29].

---

[26] *Encyclopédie de la Franc-maçonnerie*, Librairie Générale Française, 2000, voz «Papus».
[27] William H. Kennedy, «The Occult World of René Guénon» («El mundo oculto de René Guénon»), octubre 2004, pp. 1-3, www.dragonkeypress.com/articles/article_2004_10_24_3237.html
[28] Así lo afirma Jean Reyor (Marcel Clavelle), en «Algunos recuerdos sobre René Guénon y Études Traditionelles (documento confidencial inédito)», publicado en español por la revista *Símbolos*, s. ahttps://www.symbolos.com. Grillot de Givry es autor de varios libros, entre ellos *La Gran Obra*, editada en español por Ed. Obelisco, 2007 (*Le grand œuvre – XII méditations sur la voie ésotérique de l'Absolu*, 1907).
[29] Véase Marie-Françoise Melmoux-Montaubin, «Péladan et sa Rose-Croix: Échec ou malentendu ?», en *Le Défi Magique*, (J.-B. Martin / F. Laplantine, coord.), vol. I, Presses

RENÉ GUÉNON Y EL MOVIMIENTO OCULTISTA EN LA FRANCIA DE LA BELLE ÉPOQUE

Reproducimos algunos fragmentos de su obra *L'Occulte Catholique*, en los que defiende la complementariedad entre ocultismo y catolicismo:

> La enseñanza católica tiene sus lagunas y sus estrecheces por falta de esoterismo, pero la práctica católica es una pura maravilla. Así pues, hay que pensar con el ocultismo y practicar con la Iglesia.[30]
>
> Lo Oculto es una teoría que tiene a la religión como práctica legítima; he aquí lo que he querido establecer (p. 320)
>
> La más bella unión que el próximo siglo podría celebrar es la del cristianismo y el ocultismo, pues reuniría para siempre el doble poder metafísico del papa y del mago en una unidad invencible. (…) El cristianismo debía realizar la totalidad de las iniciaciones; y tal vez la magia es (desde entonces), una usurpación hecha a la Iglesia; ¿tal vez? La Iglesia la posee sin comprenderla y la guarda sin servirse de ella. (p. 225)
>
> La extremaunción constituye un encantamiento destinado a defender al enfermo de las corrientes deletéreas de la luz astral. (p. 105)
>
> (…) la magia, ciencia verdadera, santa ciencia, anunciadora del Verbo… (p. 219)
>
> San José, él mismo, patrón de lo Oculto, elegido para participar en el más increíble misterio. (p. 193)
>
> El punto extremo del devenir humano es el retorno al tipo inicial: el andrógino. (p. 275)
>
> ¡Triste época, en que el rebaño fuerza al pastor a seguirlo! (pp. 147-148)

GUÉNON ENTRE OCULTISTAS

Cuando Guénon hace su aparición en la escena esotérica francesa, es la época en que el ocultismo ya había llegado a su cúspide. En cuanto a su corpus doctrinal, no creó ninguna nueva doctrina, ni jamás se propuso tal objetivo, pues fue un testimonio y un abanderado de la Tradición, la de origen no humano, es decir, divino. Recuperó el significado original de los símbolos y su lenguaje, y e muestra como un exegeta, como un hermeneuta de la Tradición. Además, sus obras *La crisis del mundo moderno* y *El reino de la cantidad y los signos de los tiempos* constituyen

---

Universitaires de Lyon, 1994, pp. 73-84.
[30] *L'Occulte Catholique*, 1892, p. 150

una lúcida y premonitoria advertencia sobre los peligros de nuestra actual civilización, la cual considera una verdadera anomalía en la historia de la humanidad.

La Logia Humanidad

Guénon frecuentó la logia *Humanidad*, adscrita a una organización masónica española: la Gran Logia Simbólica Española, creada el 15 de febrero de 1887. Practicaba el Rito Español, una modalidad del Rito egipcio de Memphis y Misraím, a la que estaban afiliados numerosos ocultistas. Papus fue el factótum de la *Humanidad*, sin embargo, estaba dirigida por otro ocultista destacado, Téder (Charles Détré), muerto en 1919.

Este Rito masónico contenía elementos cabalísticos y alquímicos expresados de forma más evidente que en otros sistemas, como el Rito Escocés Antiguo y Aceptado. En el caso español, era una mezcolanza de esoterismo y politización, muy típico de la masonería española. Su Gran Maestro Isidro Villarino del Villar[31] introdujo el Rito Egipcio en Francia a partir de la creación de la logia *Humanidad* nº 240, adscrita al Soberano Gran Consejo General Ibérico-Gran Logia Simbólica Española.

Esta logia era pretendida por ciertos sectores masónicos porque tenía la licencia oficial (Carta Patente) para establecer el Rito egipcio de Memphis y Misraím, que no se practicaba desde 1902. En 1906, Papus obtuvo de la G.L. Simbólica Española una Carta Patente para reorganizar en Francia dicho Rito, por esa razón la *Humanidad* se convirtió en la logia madre del mismo en el país vecino. En 1908 constituyó su Supremo Consejo, con 97 grados[32]. Papus fue el Gran Maestro hasta su muerte, en 1916.

Además de pertenecer a la masonería, Guénon fue iniciado en la mayoría de organizaciones iniciáticas y ocultistas de la época, de la mano de

---

[31] En 1893, Villarino era Gran Secretario del G.C.G. Ibérico, y el 1894 se convertirá en Gran Maestro hasta su muerte (tal vez hacia 1906). Esta obediencia tenía una vida marginal al iniciarse el siglo XX, hasta que, hacia 1912 se integró en la Gran Logia Simbólica Catalana Balear.

[32] Los orígenes del Rito egipcio, después de Memphis y Misraím, deben buscarse en el llamado Rito primitivo de Narbonne, que en 1798 fue exportado a Egipto por oficiales de las tropas napoleónicas. Uno de ellos, a su vuelta a Francia, en 1815 creó en Montauban una Gran Logia llamada de Los Discípulos de Memphis. Su Gran Maestro era Gabriel Marconis de Nègre. El rito dejó de practicarse, hasta que su hijo, Jean-Etienne Marconis lo resucitó en París, en 1838. Fue prohibido y clausurado por la policía en 1841.

RENÉ GUÉNON Y EL MOVIMIENTO OCULTISTA
EN LA FRANCIA DE LA BELLE ÉPOQUE

Papus. Estuvo afiliado a la logia martinista *Hermanubis*, donde fue recibido «Superior Desconocido» por Phaneg (Georges Descormiers). Según Guénon, esta Orden debía servir de «antecámara» a otra más secreta: La *Hermethic Broderhood of Luxor*, pero inactiva desde hacía tiempo.[33]

En 1909, ingresó en la Iglesia Gnóstica, dirigida por Fabre des Essarts [Synesius], su Patriarca. Allí adoptó el nombre simbólico de *Palingenius* (*palin* 'de nuevo' *genos*, 'nacer'. Su nombre en francés, *rené*, suena como 'renacido'). Con este pseudónimo, Guénon publicará en 1910 su primer artículo masónico en la revista *Gnose*.[34]

Y como en esos ambientes ocultistas era común recibir mensajes del otro mundo, a comienzos de 1908, en la Orden Martinista recibieron de una «entidad» el mandato de crear una nueva Orden del Templo, de la cual Guénon debía ser la cabeza: se llamaría Orden del Templo Renovado, (O.T.R., *Ordre du Temple Rénové*).

Pero esta nueva Orden se convirtió en una fuente de problemas y conflictos graves entre nuestro filósofo y los ocultistas Papus y Théder, quienes finalmente expulsaron a Guénon de la logia *Humanidad*.

En 1911 los «Maestros» también ordenaron que disolviera la Orden del Templo Renovado[35]

Allí abundaban los médiums, videntes y magos, aunque parece ser que algunos practicaban la magia con fines ilícitos. Guénon creía que algunos individuos le hacían magia negra, y se sirvió de un personaje singular que le advirtió de tales peligros. Se trataba de Georges Thamos, hermetista cristiano y miembro del consejo de redacción de *Le Voile d'Isis*, cuyas dotes de vidente eran importantes, pues cuando tocaba un mueble, «veía» el árbol y el bosque del que procedía, o el aserradero. Ante ciertas personas, se le aparecían otras, como superpuestas, de épocas anteriores, con indumentarias del siglo XV o XVIII. Thamos le describió a Guénon quiénes eran sus enemigos, y éste lo confirmó.[36] Parece ser que uno de ellos era el ocultista Charles Detré, (Téder).

---

[33] Chacornac, Paul, *La vida simple de René Guénon, op. cit.*, p. 32.
[34] Jean Robin, *René Guénon, Témoin de la Tradition*, ed. Guy Trédaniel, París, 1978, p. 151.
[35] Jean Robin, *op. cit.*, p. 53.
[36] Así lo cuenta en sus memorias privadas Jean Reyor, «Algunos recuerdos sobre René Guénon y Études Traditionelles (documento confidencial inédito)», *op. cit.*

RENÉ GUÉNON Y EL MOVIMIENTO OCULTISTA EN LA FRANCIA DE LA BELLE ÉPOQUE

Huelga decir que Guénon creía en la existencia de espíritus y otras entidades del mundo sutil, y en la efectividad de ciertas prácticas propias de la magia. Hace ya unos años, con un amigo visitamos en El Cairo al hijo de René Guénon, Abd-el Whahed Yahia, para pedirle que, si era posible, nos diera una copia de las cartas que Louis Cattiaux había enviado a su padre a lo largo de varios años (cosa que haría). Y nos advirtió de que no entráramos en las pirámides, pues su padre le había dicho que estaban cargadas y pobladas por entidades nada recomendables, pues era una tradición muerta.[37]

Las fuentes del ocultismo

Entre los autores que modelaron el ocultismo francés hay que citar en primer lugar a Éliphas Lévi (Alphonse Louis Constant), y su obra *Dogma y ritual de alta* magia, publicada en 1856, y también su *Historia de la magia*, (1860). Su verbo claro, bello y fluido presenta los misterios de la magia, de la iniciación y de la realidad oculta de manera que cautiva a propios y extraños. Este sacerdote esotérico, médium y mago provoca un creciente interés por el esoterismo en Francia. Trata todos los temas del esoterismo y tiene pasajes remarcables junto a otros de su propia cosecha, casi siempre alejados de la hermenéutica tradicional. Por ejemplo, cuando afirma que: «los cinco libros de Moisés, el profeta Ezequiel y el Apocalipsis de san Juan son las tres claves cabalísticas de todo el edificio bíblico».[38] No es este el enfoque ni el contenido de los comentarios del Antiguo Testamento que encontramos en los clásicos de la cábala hebrea, como el *Zohar*, el *Midrash Génesis, Los Capítulos de Rabbí Eliezer*, etc.

Otro autor que influencia el ocultismo es Edouard Schuré, que en 1889 publica *Los grandes iniciados: un estudio de la historia secreta de las religiones*, en la que pretende demostrar que todos los grandes sabios, profetas e iluminados de la humanidad han detentado una única sabiduría.

---

[37] Fiel a su palabra, al cabo de un tiempo el hijo de René Guénon nos envió las cartas, que fueron publicadas en francés por la revista belga *Le Miroir d'Isis* (*París-Le Caire. Correspondance entre Louis Cattiaux et René Guénon*, 2011) y posteriormente en español: *René Guénon y Louis Cattiaux. Correspondencia completa*, Ed. Obelisco, Barcelona, 2013.

[38] Éliphas Lévi, *Dogma y Ritual de Alta Magia*, Editorial Humanitas, Barcelona, 1985, parte II, p. 56.

RENÉ GUÉNON Y EL MOVIMIENTO OCULTISTA
EN LA FRANCIA DE LA BELLE ÉPOQUE

De hecho, los ocultistas son los herederos de los autores esotéricos del siglo XVIII, como Martinez de Pasqually, Jean-Claude de Saint Martin, Fabre d'Olivet, Alejandre Saint-Yves d'Alveydre y Grillot de Givry, además de otros de menor importancia.

Consideran que Martines de Pasqually y Jean-Claude de Saint Martin son verdaderos iniciados, conocedores de los misterios ocultos de la creación. Sin embargo, a la luz de la cábala original y de la alquimia tradicional, comprobamos que esos autores no siempre siguen la tradición, y a menudo se apartan de ella. Martines de Pasqually no cita sus fuentes, suponemos que para dar a entender que él mismo es la fuente de inspiración, lo cual convierte su obra en un texto de autor y nada más.[39] Lo mismo podemos decir de Fabre de Olivet: comenta el *Génesis* sin citar el *Zohar* ni ninguna otra obra de la cábala judía clásica, de modo que él mismo es la fuente de la que se nutre. Otra obra de autor, en definitiva, que se aleja mucho de la exégesis tradicional en la mayoría de pasajes.

Otro de los autores que ejercieron una considerable influencia en los líderes ocultistas es Alejandre Saint-Yves d'Alveydre (1842-1909), polígrafo y autor, entre otras, de la obra *L'Archéomètre. Clef de toutes les religions et de toutes les sciences de l'Antiquité - Réforme synthétique de tous les arts contemporains*, editado tras su muerte, en 1910.

De mayor importancia que el anterior, tenemos a Louis Claude de Saint-Martin (1743-1803). En su obra *Le Ministère de l'Homme-Esprit* (1802), se refiere a menudo al «hombre de deseo» que se sobrepone a su estado mancillado por el exilio, y cuya meta final será, cumpliendo el designio de Dios, convertirse en un «Hombre-Espíritu». En las doctrinas de Martines de Pasqually y en la de L. C. de Saint Martin (de quien toma el nombre) se inspira Papus para crear la Orden Martinista (hacia1890) junto con otros líderes del ocultismo. Esta Orden sigue existiendo en la actualidad.

La obra de L. C. de Saint Martin tiene un enfoque tradicional, pero le añade muchos elementos de su propio cuño.

Esa mezcla de luces y sombras de las que se nutre el ocultismo se hará evidente en sus producciones, sin embargo, todos valoran y citan a algunos de los grandes de la cábala y del hermetismo, como *De Verbo mirifico*

---

[39]Hay edición en español: *Tratado de la reintegración de los seres*, Ediciones Idea, Santa Cruz de Tenerife, 2009.

RENÉ GUÉNON Y EL MOVIMIENTO OCULTISTA
EN LA FRANCIA DE LA BELLE ÉPOQUE

de J. Reuchlin, que muchos estudian, así como al *Anfiteatro de la eterna sabiduría*, de Heinrich Khunrath, o a Paracelso y la *Poligrafía* del abad Tritemo, traducida por Gabriel de Collanges. Sin olvidar a los clásicos, como Platón y los neoplatónicos, o el pitagorismo, que algunos conocen bien, así como a Agrippa y algunos clásicos de la alquimia.

A nuestro entender, pues, el gran problema del ocultismo es las fuentes en la que se inspira y alimenta. No deja de ser paradójico que creen una Orden Kabalística de la Rosa Cruz, cuando la mayoría de sus referentes – y ellos mismos– no citan las obras clásicas de la cábala judía, una muestra más de lo que decimos. Sus referentes fundamentales serán los autores del siglo XVIII y XIX que acabamos de citar.

Lo mismo podemos decir del Tarot, pues desconocen o no citan el de Marsella, que tiene sin lugar a dudas un significado hermético tradicional (o el de Visconti y el de Mantegna). S. de Guaita emplea otros, como hizo quien fue su secretario, el masón y esoterista Oswald Whirt (1860-1943), que acabó creando su propio Tarot personal, del todo alejado de la iconografía hermética y de su significado. Como ejemplo de lo que decimos puede compararse una de sus cartas –«La Maison-Dieu»– con la que figura en el Tarot de Marsella, así como el comentario que hace de ambas el hermetista Emmanuel d'Hooghvorst, heredero de Louis Cattiaux.[40]

En definitiva, no se nutrieron de los exégetas y hermeneutas antiguos, muy próximos –no sólo en el tiempo– de los grandes sabios y profetas, pues compartían la misma orientación y el mismo lenguaje simbólico que sus maestros.

Contrariamente, en la mayoría de casos, los ocultistas siguieron y confiaron en los epígonos, en autores de obras personales, con su particular interpretación de los misterios iniciáticos, de la tradición mágica y de la hermética. Y ese olvido o ignorancia de las fuentes tradicionales, contrastadas y avaladas a lo largo de los siglos por los sabios de Oriente y Occidente, provocó la destrucción de los valores y de la autoridad que ostentaban los antiguos sabios y profetas. Siguiendo su ejemplo, a partir de ahora cualquier autor se considerará capacitado para reinterpretar a su modo y manera los símbolos y las doctrinas tradicionales, todo lo cual

---

[40] Emmanuel d'Hooghvorst, *El Hilo de Penélope*, vol. I, Arola Editors, Tarragona, 2000, pp. 232-235.

nos ha llevado al caos hermenéutico contemporáneo que tanto denunció Guénon, al extravío contra iniciático y a la negación de la tradición espiritual del Occidente judeocristiano.

¿Hubo verdaderos magos, verdaderos iniciados en el movimiento ocultista de entre siglos? ¿Los hay ahora? Malos magos y magos negros los hubo y sigue habiéndolos, como también practicantes de la magia natural o «blanca».

El buen mago es un canal y un canalizador, un soporte, un médium, pues a través de él la fuerza de la vida (en el plano sublunar, si no es un Adepto) es captada y puede circular de un cuerpo a otro. Otra forma de magia es la propia de ciertas tradiciones como la santería cubana o el Candomblé brasileño, donde se invocan los Orixás para realizar la obra requerida, sea la protección de una persona o lugar, su consagración, una sanación, la manifestación del oráculo, etc. Esas fuerzas y entidades del mundo sutil o astral –ninguna de ellas posee un cuerpo físico– pueden ser invocadas y acuden a la cita; es decir, se encarnan en una o varias de las personas participantes en la ceremonia, gozan un tiempo del cuerpo y a cambio ofrecen una sanación, un oráculo, una ayuda, etc. Existen técnicas tradicionales para invocarlos y hacerlos «entrar», y también para hacerlos «salir».

Pero hay otras prácticas que implican poseer una concepción mágica de la realidad –que es la tradicional–, pues no sólo las personas y los animales, sino también los árboles, las plantas, las piedras y los elementos tienen todos su signatura y un espíritu propio que constituye su naturaleza profunda, su ser secreto. El mago trata de conectar con el espíritu de la planta para conocerla en su ser íntimo y que así le revele sus propiedades ocultas.

Otro de los saberes mágicos es la teúrgia (θεουργία), de tradición milenaria, como lo atestiguan los Oráculos caldeos, o ciertos autores neoplatónicos como Jámblico,[41] entre otros. Teúrgia es un vocablo griego que significaba tanto la acción de Dios o hacer que Dios actúe, que se manifieste. Sin embargo, en las experiencias ocultas hay muchas puertas falsas, pues la luz astral no es la luz pura de la divinidad y Proteo toma todas las

---

[41] Véase Jamblique, *Réponse à Porphire (De Mysteriis)*, Les Belles Lettres, París, 2013, pp. 31-34 ; 137-139, *passim.*

formas, pero no permanece en ninguna. Sin la ayuda de Dios no podremos fijar ese Mercurio universal, dicen los hermetistas tradicionales.

La puerta de acceso a la verdadera iniciación es el ocultismo, pero aventurarse en ese mundo peligroso sin el Guía iniciador no nos dará entrada a la realidad oculta, de naturaleza divina. Para ello es necesario primero rezar y buscar, antes de experimentar, como enseñaban Louis Cattiaux y Emmanuel d'Hooghvorst[42]. Si la divinidad nos escoge y nos concede ese gran don, entonces encontraremos la vida allí donde muchos encuentran la muerte. De este peligro nos advierten todos los buenos ocultistas como Stanislas de Guaita.

En cuanto al movimiento ocultista de la *Belle Époque*, se transformará a medida que avanza el siglo XX, y algunas organizaciones, como la Orden Kabalística de la Rosa Cruz, sufrirán una cierta degeneración, apartándose de su naturaleza original y de su objetivo. De ello se lamenta Paul Sédir (Yvon Le Loup, 1871-1926):

> Desde hace algunos años, la fundación del añorado marqués de Guaita ha corrido el riesgo de ver su carácter original alterado; la mayoría de eruditos, que eran su gloria, han desaparecido poco a poco, y han querido reemplazarlos estudiantes sinceros, sin duda, pero tal vez demasiado apegados a los títulos, a pergaminos y a fenómenos; pero Elías Artista vela, esperémosle.»[43]

Efectivamente –afirman los hermetistas y los nuevos ocultistas– Elías Artista sigue velando por sus verdaderos discípulos, los buscadores de Dios y de su realidad oculta.

---

[42] Véase su obra *El Hilo de Penélope, op. cit.,* pp. 79-86 («La *nékuia* o la evocación de los muertos»).

[43] Serge Caillet, «De Stanislas de Guaita à Robert Ambelain : L'héritage de la Rose-Croix Kabbalistique», en *Stanislas de Guaita, precurseur del occultisme, op. cit.,* p. 113. Véase *Mateo* 11, 13: «Y si queréis recibirlo [el Reino de los Cielos, 11, 12] él es aquél Elías que había de venir».

PERE SÁNCHEZ FERRÉ

EL ALMA, EL ESPÍRITU Y EL SENTIDO

*Las mutaciones del lenguaje
en la espiritualidad occidental*

EL CABALLERO DEL ORO FINO

*Cábala y alquimia
en el Quijote*

Pere Sánchez Ferré

Miguel Salas Díaz (Madrid, 1977) es licenciado en Filología Hispánica y doctor en Teoría de la Literatura y Literatura Comparada. Ha sido profesor en universidades de Italia, China y Taiwán. Ahora reside en Madrid y es profesor de enseñanza secundaria y de universidad.

Además, es autor de los poemarios *La Luz* (Hiperión, 2007) y *Las almas nómadas* (Hiperión, 2011), de las novelas *Ni temeré las fieras* (Salto de Página, 2017) y *La madre del frío* (Alrevés, 2023), del álbum infantil *Tonino* (OQO, 2013), y del ensayo *(En) plan lector. Sobrevivir a la adolescencia sin dejar de leer* (Plataforma, 2023). Recopiló sus columnas periodísticas sobre Taiwán en el volumen *Estación de Oriente* (Catay, 2021). También ha traducido la obra poética de G. K. Chesterton (*El gran mínimo*. Salto de Página, 2014) y de Li QingZhao (*Jade puro*. Hiperión, 2014).

Es colaborador de podcasts como *La Escóbula de la Brújula*, *El Libro Rojo* o *La Trampa Existencial*, en los que habla de literatura, simbolismo y Tradición.

EL CONCEPTO DE INICIACIÓN EN LA OBRA DE RENÉ GUÉNON

Miguel Salas Díaz

1. INTRODUCCIÓN

René Guénon fue un personaje excepcional. El acercamiento a su vida y su obra no deja indiferente a nadie, ya sea dentro o fuera de la Masonería. Cuenta tanto con seguidores incapaces de separarse un milímetro de su visión espiritual como con detractores que no están dispuestos a concederle un gramo de razón. Es normal: aunque no añadiera nada a lo que estaba ya recogido en las vías espirituales tradicionales, su mensaje es de una nitidez y una rotundidad apabullantes: leerlo remueve siempre, y más si el lector es un occidental de nuestra época.

La obra de Guénon resalta también por su coherencia. Es difícil hablar de uno de sus múltiples aspectos sin acabar tocando todos los demás: la naturaleza de la iniciación, la crítica al mundo moderno, la exposición de los principios metafísicos comunes a todas las tradiciones espirituales, los luminosos estudios sobre dichas tradiciones –Masonería, vedanta, taoísmo, sufismo, cábala, esoterismo cristiano…–. Por suerte, y gracias a Javier Alvarado Planas y a su equipo, contamos por fin con una edición íntegra, anotada y, además, agrupada por temas, en la editorial Sanz y Torres. Para elaborar este artículo me he guiado por la excelente introducción a las obras completas escrita por el mismo Alvarado, que lleva como título *René Guénon. Testigo de la tradición.*

EL CONCEPTO DE INICIACIÓN EN LA OBRA DE RENÉ GUÉNON

No sería justo –ni para el autor estudiado ni para los lectores– seguir adelante con este breve escrito sin confesar primero que el encuentro con Guénon ha supuesto un antes y un después en mi vida. Leerlo me abrió a una forma de entender la espiritualidad y mi relación con el mundo que no creía posible antes. Cuando me propusieron escribir este artículo, decidí que trataría sobre el concepto de iniciación, porque fue esta la puerta por la que me introduje en su obra, y creo que es de capital importancia para todos aquellos interesados en la Masonería, ya sea desde la Orden o la profanidad.

2. GUÉNON, INICIADO

René Guénon fue un hombre inquieto. No quisiera detenerme en su vida, a la que no faltaron vaivenes, pero sí subrayar su constante búsqueda de conocimiento espiritual. Nacido en 1886 en Blois, Francia, en el seno de una familia católica, excelente estudiante durante su etapa de formación, en su juventud se metió en todas las propuestas esotéricas que encontró a su paso –y recordemos que la Europa de la segunda mitad del siglo XIX bullía con ellas–. Formó parte del Martinismo, de la Masonería, de la Iglesia Gnóstica y fue discípulo de Papus, pero todo cambió cuando entró en contacto con las doctrinas tradicionales y fue iniciado por representantes autorizados en el taoísmo, el sufismo y el hinduismo, aunque existe cierto misterio entorno a estos episodios. Lo que es seguro es que, desde entonces, vivió para facilitar a los occidentales la recta comprensión de la verdad metafísica. Por ese motivo, desde muy joven, y durante toda su vida, colaboró con muchísimas revistas dedicadas al estudio de la espiritualidad y el esoterismo. A los 44 años, tras enviudar de su primera mujer, viajó a El Cairo para estudiar manuscritos y allí se quedó para siempre, como un musulmán más, unido en segundas nupcias con la hija de su maestro sufí, ocupado en tener hijos, escribir nuevos libros y contestar puntualmente las decenas de cartas que cada día recibía de sus lectores. Murió en 1951; su última palabra fue «*Allah*».

A lo largo de todos sus años de producción escrita, Guénon dedicó muchos artículos al problema de la iniciación. Unos cuantos de ellos fueron unificados y recogidos por él mismo en un libro al que tituló *Apercepciones sobre la iniciación*. Aunque se sabe que tenía intención de recopilar en otro volumen, complementario al anterior, más artículos sobre la misma temática, nunca llegó a hacerlo. Tenemos la fortuna de que Javier Alvarado los haya reunido en *Iniciación y realización espiritual*, tomo XXIII de sus obras completas.

3. ALGUNAS IDEAS PREVIAS

Para abordar con cierto contexto el concepto de iniciación debemos explicar brevemente algunas ideas previas.

La primera de ellas es la de *metafísica*, que no es otra cosa que la doctrina que expresa la Verdad revelada, y que constituye el corazón de cualquier forma tradicional –hinduismo, cristianismo, islam, taoísmo, etc.–. Su conocimiento suele darse, en cada tradición y simplificando mucho, a través de dos aspectos complementarios, uno exotérico (la religión) y otro esotérico e interno. Esoterismo y exoterismo no son doctrinas diferentes, sino dos caras de una misma moneda, aunque ambos tienen objetivos distintos: resumiéndolo mucho, diremos que el elemento exotérico –que está dirigido a la gran mayoría– procura la salvación personal del ser humano, y el esotérico –minoritario siempre–, la superación de los estados individuales de existencia. De ambas partes, es la esotérica la que contiene el pensamiento metafísico en toda su pureza, mientras la exotérica o religiosa es la cristalización, en una cultura determinada, de dicho pensamiento metafísico. Por lo tanto, si todos los exoterismos se diferencian en su forma, el esoterismo es común a todas y los une en la Verdad.

La segunda de las ideas previas es la de los *ciclos cósmicos*, que no podemos exponer aquí en toda su extensión y que, como parte del conocimiento metafísico, aparece reflejada en los mitos de numerosas culturas tradicionales. Hesíodo menciona, por ejemplo, cuatro edades –oro, plata, bronce y hierro– que se corresponden punto por punto con las cuatro de las que hablan los nativos norteamericanos o el hinduismo, que es la tradición que mejor expone la doctrina. Someramente, dice así: la existencia del universo se articula en grandes ciclos denominados *Manvantaras*, y cada *Manvantara* se divide en cuatro edades o *yugas*. Desde la primera de ellas –denominado *Krita-Yuga*, la edad de la perfecta pureza, en la que la experiencia de lo sagrado era inmediata y plena para todos los seres humanos–, el cosmos se va sumergiendo en un «oscurecimiento gradual de la espiritualidad primordial»[1] hasta desembocar en el *Kali-Yuga*, la última edad, en la que nos encontramos –parece ser– desde hace más de seis mil años. El *Kali-Yuga* se caracteriza por una ruptura con el Principio metafísico que terminará por provocar el fin de nuestro mundo, para que otro comience después desde el inicio de un nuevo *Krita-Yuga*.

En la primera de las edades, el ser humano vivía en perfecta conexión con el Principio Divino y «todo era considerado en su dependencia esencial con respecto a los principios y en conformidad con ellos»[2], pero, debido a la naturaleza descendente de los ciclos, terminó por perder el Paraíso y desde entonces es necesaria una influencia espiritual para recuperarlo. Esa influencia espiritual, como veremos más adelante, no es otra cosa que la iniciación.

La tercera de las ideas previas que hemos de mencionar es la de *Intelecto*, que es la facultad trascendente que todos los seres humanos llevamos dentro y que nos permite acceder al conocimiento metafísico. La función del Intelecto es traspasar el velo del espacio y el tiempo y proporcionarnos una visión de lo Absoluto. Es capaz de desechar lo accidental y aprehender, de manera inmediata, total y objetiva, la Verdad. No responde a un proceso lógico y discursivo, sino contemplativo, y el resultado de su actividad es la unión del conocedor y lo conocido, y por lo tanto la certeza. Como podemos observar, el significado de la palabra intelecto no tiene nada que ver con el que se le da en la modernidad, que está relacionado con lo racional y lo libresco. Para cumplir con su función, el Intelecto debe ser actualizado «mediante la transmisión de una influencia espiritual de origen suprahumano»[3], es decir, mediante la iniciación.

En cuarto y último lugar, hemos de detenernos un instante en el significado de la *regularidad*. Si la iniciación es una transmisión espiritual de origen suprahumano, para ser efectiva debe tener lugar dentro de una organización regular, es decir, que esté vinculada al Origen a través de una cadena de maestros que conservan dicha influencia espiritual. Por lo tanto, las organizaciones desvinculadas espiritualmente –llamadas irregulares–, no pueden aportar una verdadera iniciación. Guénon afirmaba que en el occidente moderno ya solamente podemos considerar organizaciones regulares la Masonería y el Compañonazgo.

---

[1] GUÉNON, R. (2023) *La crisis del mundo moderno*. Sanz y Torres, p. 25.
[2] GUÉNON, R. (2023) *Apercepciones sobre la iniciación*. Sanz y Torres, p. 86.
[3] ALVARADO PLANAS, J. (2023). *René Guénon. Testigo de la Tradición*. Sanz y Torres, p. 172.

4. DEFINICIÓN Y CARACTERÍSTICAS DE LA INICIACIÓN

Al final, entre un concepto y otro, hemos terminado por concretar una definición de la iniciación, que sería aquella influencia espiritual de origen suprahumano, transmitida en el tiempo por una organización regular, y cuyo objetivo es «superar las posibilidades de este estado [el humano], y tornar efectivamente posible el paso a los estados superiores, e incluso, finalmente, conducir al ser más allá de todo estado condicionado, sea cual sea».[4]

La iniciación se divide un aspecto virtual y otro operativo. El aspecto virtual es aquel que se otorga al recipiendario con el ritual de iniciación. Si el ritual se cumple al pie de la letra y el oficiante está cualificado para transmitir la influencia espiritual, la iniciación será efectiva y proporcionará un ordenamiento de los elementos internos del nuevo iniciado, disponiéndolos para el posterior trabajo que será necesario para desvirtualizar la iniciación y hacerla efectiva. La iniciación no se puede revertir: imprime carácter para siempre, incluso en el caso de que el iniciado abandone la organización que se la otorgó. Lo explica Guénon, en un largo párrafo que merece la pena reproducir por su precisión y elegancia:

> Puede decirse, en efecto, que las aptitudes o posibilidades incluidas en la naturaleza individual no son en principio, en sí mismas, más que una *materia prima*, es decir, una pura potencialidad en la cual no hay nada desarrollado o diferenciado; es entonces el estado caótico y tenebroso, que el simbolismo iniciático hace precisamente corresponder con el mundo profano, y en el cual se encuentra el ser que todavía no ha alcanzado el «segundo nacimiento». Para que este caos pueda comenzar a tomar forma y a organizarse es preciso que una vibración inicial le sea comunicada por las potencias espirituales, a las que el Génesis hebreo designa como *Elohim*; esta vibración es el *Fiat Lux* que ilumina el caos, lo que constituye el punto de partida necesario para todos los desarrollos posteriores; y, desde el punto de vista iniciático, esta iluminación está precisamente constituida por la transmisión de la influencia espiritual de la que hemos hablado. Desde entonces, y en virtud de esta influencia, las posibilidades espirituales del ser no son ya la simple potencialidad que antes eran; se

---

[4] GUÉNON, R. (2023) *op. cit.*, p. 43.

transforman en una virtualidad dispuesta a desarrollarse en acto en los diversos estadios de la realización iniciática.[5]

El aspecto operativo, por su parte, es aquel que entra el juego cuando el iniciado «ha hecho efectiva alguna de las etapas o grados»[6] de la realización metafísica. Por lo tanto, es el resultado de un trabajo espiritual correctamente ejecutado y guiado por un maestro. Para que se cumpla, debe existir un profundo conocimiento teórico y una perseverante concentración del Intelecto en la Realidad Absoluta mediante instrumentos que el maestro proveerá, entre los que se incluye, por ejemplo, la oración recitativa (los mantras hindúes o budistas, el *dhikr* sufí o la oración del corazón de los cristianos ortodoxos, por ejemplo). El objetivo de dichas prácticas es abrir, mediante las vibraciones provocadas por la repetición prolongada de las fórmulas, una conexión con los estados superiores del ser.

Por supuesto, no todo el mundo está igual de dotado para el desarrollo metafísico, y las etapas que un individuo puede alcanzar están marcadas previamente por sus propios límites naturales. La dotación o cualificación de cada persona no tiene que ver con su nivel social, económico o cultural, sino con sus posibilidades intelectuales (en el sentido metafísico que ya hemos explicado, no en el actual).

De este modo, los requisitos para que la iniciación sea efectiva son tres: el primero es la cualificación del candidato, es decir, sus posibilidades innatas de avanzar en la Vía; el segundo, «la transmisión de una influencia espiritual mediante la vinculación a un linaje espiritual o una organización tradicional regular»[7] que esté conectada con el Centro al que se pretende regresar; la tercera, el trabajo interior que lo conduzca a través de las diferentes etapas del desarrollo espiritual.

Antes de todas ellas, es necesaria, por supuesto, una actitud adecuada. Solamente puede iniciarse el pobre de espíritu: aquel que es consciente de necesitar a Dios y está dispuesto a recorrer la Vía paso a paso y a pesar de todas las dificultades, con tal de encontrarlo. También es importante recordar que la iniciación no tiene, en ningún caso, un fin moral o social, sin espiritual, aunque tanto la mejora moral y la implicación social puedan ser consecuencias del progreso del iniciado. «Mientras todo se limite a «mo-

---

[5] GUÉNON, R. (2023) *op. cit.*, pp. 50-51.
[6] ALVARADO PLANAS, J. (2023). *op. cit.*, p. 172.
[7] ALVARADO PLANAS, J. (2023). *op. cit.*, p. 174.

ralizar» sobre símbolos, con intenciones tan loables como se quiera, no se realizará ciertamente la obra de la iniciación»[8], afirma Guénon –y sus palabras no están exentas de crítica a cierta forma de ver la Masonería–.

5. MISTERIOS MENORES Y MAYORES

En la Vía iniciática existen dos etapas diferentes, que en latín se denominaban *Mysteria parva* (misterios menores) y *Mysteria magna* (misterios mayores). Los primeros pretenden llevar al iniciado al estado primordial –aquel que el hombre experimentó en el Paraíso, es decir, antes de la Caída, pero sin trascender la individualidad humana–. Quien los completa está en disposición de acceder a los segundos, que permiten recorrer los estados suprahumanos hasta alcanzar la Liberación (el archiconocido *Nirvana* del budismo, o el *Moksha* del hinduismo). Si aplicáramos el simbolismo de la cruz a los *Mysteria*, los menores harían la labor de llevar al iniciado desde los extremos de los brazos horizontales hasta su centro para, a continuación, gracias a los mayores, ascender por el brazo vertical de la figura hasta alcanzar lo suprahumano. En la *Divina Comedia*, los misterios menores estarían representados por Virgilio, que acompaña a Dante por el Infierno y el Purgatorio hasta dejarlo en el jardín del Edén (el paraíso terrestre), y los mayores por Beatrice, que lo lleva con ella hasta la visión de *L'amor che move el sole e l'altre stelle.*[9]

Guénon, sin embargo, es pesimista: de toda la tradición que existió en Occidente, queda, como mucho, la iniciación virtual, en organizaciones regulares como la Masonería o el Compañonazgo, herederas de una sociedad tradicional en la que los oficios proporcionaban un soporte iniciático y herramientas para el trabajo espiritual. Hemos olvidado la operatividad y ya es muy difícil recuperarla, aunque Guénon nunca pierde del todo la esperanza y propone algunas soluciones en obras como *La crisis del mundo moderno*. Es importante, eso sí –y es algo que nuestro autor recalca constantemente– «adherirse a una forma determinada y observar-

---

[8] GUÉNON, R. (2023) *op. cit.*, p. 40.
[9] «El amor que mueve el sol y las demás estrellas». Se trata del último verso del canto XXXIII, que cierra la *Divina Comedia*.

la estrictamente»[10]. Todas las vías tradicionales conducen al mismo fin, pero son distintas entre sí. Conviene tomar una y seguirla hasta el final, en lugar de andar dando saltos de una a otra hasta extraviarse. Quien ha alcanzado el final de su vía podrá practicar todas las demás, porque el corazón de todas es el mismo. No es otro el sentido profundo del famoso poema de Ibn Arabí:

> Mi corazón puede adoptar todas las formas.
> Es pasto para las gacelas,
> y monasterio para los monjes cristianos,
> y templo para ídolos,
> y la Kaaba del peregrino,
> y las tablas de la Torá, y el libro del Corán.
> Yo sigo la religión del Amor.
> Cualquiera que sea el camino que recorran
> los camellos, esa es mi religión y mi fe.

Por esa razón, Guénon nunca consideró su práctica islámica una *conversión*. Cuando se asentó en El Cairo, adoptó la forma religiosa que correspondía al lugar. Él pudo hacerlo porque había recorrido ya una vía tradicional hasta el centro que une a todas.

6. POSIBLES ERRORES AL RECORRER LA VÍA

También es muy interesante recordar las reflexiones sobre algunos de los errores que el iniciado puede cometer al recorrer la Vía, y que Guénon recoge en varios de los artículos recogidos por Javier Alvarado en *Iniciación y realización espiritual*, vigésimo tercer tomo de las obras completas aparecidas en la editorial Sanz y Torres.

El primero de ellos es la *impaciencia*, que empuja al iniciado a desear resultados inmediatos y le provoca frustración, sobre todo si es occidental: como repite Guénon constantemente, nuestra mente no está acostumbrada a la concentración prolongada ni a la contemplación.

---

[10] GUÉNON, R. (2023) *op. cit.*, p. 69.

El segundo, la *soberbia*. El ego es un enemigo peligroso para el iniciado. Ni pertenecer a una organización tradicional, ni el saber libresco nos van a llevar a ninguna parte por sí mismos. Si con ello nos damos por satisfechos, nunca avanzaremos en la Vía.

El tercero de los errores es el *voluntarismo*. El iniciado ha de poner empeño en su labor espiritual, pero este no es suficiente por sí mismo. Recordemos que cada individuo depende de su cualificación –sus capacidades innatas– y que no podrá llegar más lejos de lo que sus propios límites marquen. Además, sin la Gracia de Dios nada puede conseguirse. Poner todas nuestras esperanzas en nuestra fuerza de voluntad es, en última instancia, apegarse al ego.

El cuarto, el *formalismo*. El ritual es importante, pues transmite la influencia espiritual, y hay que desempeñarlo cumplidamente, pero es solamente un soporte de dicha influencia, y nada más. La perfección del iniciado en la ejecución ritual no es suficiente, y fiarlo todo a la pericia –«*qué bien hacemos las iniciaciones en esta logia*»– puede ser peligrosamente halagüeño para el ego.

El quinto, el *apego a la individualidad*, que es un error en los estadios avanzados de la Vía. Al borde de los estados supraindividuales, el iniciado puede sentir miedo de diluirse para siempre, tal y como se conoce a sí mismo. Si no se vence la angustia que tal paso puede provocar, no se puede entrar en dichos estados.

7. PSEUDOINICIACIÓN Y CONTRAINICIACIÓN

Aun si el buscador espiritual desea de corazón encontrar una entrada a la Vía, y si es pobre de espíritu, puede aún hallar dificultades. La época de Guénon fue fértil en organizaciones, sin un verdadero vínculo iniciático, que prometían a los interesados diversos modos de alcanzar la iluminación, o incluso de adquirir habilidades sobrenaturales, que no eran otra cosa que callejones sin salida, sacacuartos para inocentes Hoy, y como no podía ser de otra manera, dichas organizaciones se han adaptado al siglo XXI. Javier Alvarado las describe con precisión:

El ansia de «trascendencia» del hombre moderno, en el marasmo de su escepticismo y de la pérdida de toda Tradición, ha generado toda una oferta multimedia de *maravillosismo* en que espiritualidad y mercadotecnia (dos términos incompatibles) parecen convivir. Con todo, siguen existiendo, sobre todo en el mundo occidental, las falsas organizaciones iniciáticas o los maestros farsantes que ofrecen una «pseudo-iniciación», es decir, *un simulacro ritual desprovisto de toda eficacia que solo transmite una influencia de orden inferior, «psíquica» y no «espiritual»*[11]

La contrainiciación, por su parte, es harina de otro costal y alcanza profundidades mayores. Aunque Guénon no da muchas explicaciones al respecto, sí señala que hay en ella un elemento no humano que supone una inversión de lo iniciático (no como la pseudoiniciación, que es mero invento personal de gurús y maestrillos) y, por lo tanto, «una rebelión contra la autoridad legítima».[12] Su objetivo es dificultar la labor de los Centros espirituales, ya sea desprestigiándolos, o parodiándolos, y quien cae en sus redes no solo deja de acercarse al Origen Primordial, sino que se aleja de él. Aun así, su acción está limitada. Como escribe Guénon,

> «los representantes de la «contra-iniciación» mantienen la ilusión de oponerse a la autoridad espiritual suprema, a la cual nada puede oponerse en realidad, pues es bien evidente que entonces no sería suprema: la supremacía no admite ninguna dualidad. (…) Están pues, en última instancia, dominados por la autoridad que manifiesta la Voluntad divina al dar a este mundo su Ley, y que los hace servir, a pesar de ellos, para sus fines, debiendo concurrir necesariamente todos los desórdenes parciales al orden total».[13]

8. CONCLUSIONES

A pesar de las muy pocas pistas prácticas que René Guénon da sobre el peregrinaje espiritual, sus libros proporcionan, sin duda, la imagen más extensa, completa y precisa que un autor haya ofrecido jamás sobre la iniciación. Sin ellos –y sin la influencia que ejercieron sobre otros autores

---

[11] ALVARADO PLANAS, J. (2023). *op. cit.*, p. 192.

[12] ALVARADO PLANAS, J. (2023). *op. cit.*, p. 192.

[13] GUÉNON (2023). *Iniciación y realización espiritual*, pp., 269-270.

posteriores –como Frithjof Shuon, Martin Lings o Mircea Eliade– Occidente habría olvidado casi del todo la realidad de la Vía iniciática.

Más allá del rechazo visceral que provoca en una parte de los lectores, es cierto que existen críticas razonables a su visión, pero se refieren siempre a aspectos parciales o matices de menor importancia –como su desprecio por el budismo, que corrigió al final de su vida, o el modo tan estricto que tiene de vincular la influencia espiritual con el rito iniciático, cuando hay maestros que la transmiten con la mirada, o la sonrisa– que no afectan a la grandeza, la coherencia y el acierto de su obra. Nada cambian de lo fundamental.

En definitiva, la obra completa de René Guénon, por fin en nuestras manos, es fundamental para cualquier persona interesada en la Metafísica y la iniciación en la Vía espiritual. Nadie debe temer la dificultad que entraña su lectura: la recompensa supera con creces el esfuerzo de quien se adentra en ella. Aun a riesgo de que su vida cambie para siempre. ⚒

Ediciones de Sabiduría Ancestral

LA
TABLA ESMERALDA
DE HERMES

Traducciones y comentarios

Max Heindel

MISTERIOS
DE LAS
GRANDES ÓPERAS

Fausto, Parsifal,
El anillo del Nibelungo,
Tannhäuser, Lohengrin

Jean-Pierre Giudicelli de Cressac Bachelerie

POR LA ROSA ROJA
Y LA CRUZ DE ORO

Alquimia-hermetismo
y órdenes iniciáticas

DICCIONARIO
ROSACRUZ

Resumen de términos, conceptos
y principios usuales en la filosofía rosacruz

Max Heindel

CRISTIANISMO
ROSACRUZ

Interpretación esotérica
del cristianismo

EL
LIBRO
DE LA
LEY

Aleister
Crowley

Tres Iniciados

EL KYBALION

Los misterios de
Hermes

EL
LIBRO
DE
ENOC

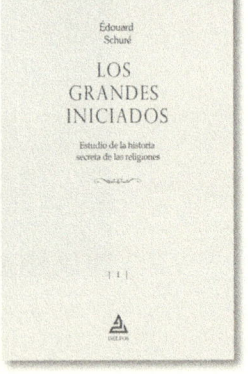

Édouard Schuré

LOS
GRANDES
INICIADOS

Estudio de la historia
secreta de las religiones

NÚMEROS Y TEMAS ANTERIORES

(todos disponibles a la venta en papel y en formato digital)

Este número de la revista
CULTURA MASÓNICA
terminó de componerse en las colecciones
de la editorial MASONICA® en el día
20 de marzo del año 2024.